KB029252

사회
독서,

세상을
읽는 힘

2

경제와 미디어

사회 독서, 세상을 읽는 힘

2 경제와 미디어

임성미 지음

북하우스

일러두기

* 각종 통계 자료 및 수치 등은 소개한 책에서 인용한 경우를 제외하고, 현재 시점을 기준으로 최대한 가까운 시기의 데이터를 참고하여 수정했습니다.
* '친구의 글'에 있는 글쓴이의 학교와 학년 정보는 작성일 기준(2016~2017)으로 표기했습니다.

차례

'사회독서, 세상을 읽는 힘'을 펴내며

"지금 아이들은 기존 세대로부터 경험과 지식을 배워 미래를 준비하는 게 불가능한 역사상 첫 세대가 될 겁니다."

이런 충격적인 말을 한 사람은 『호모 데우스』의 저자 유발 하라리Yuval Harari입니다. 역사학자 유발 하라리는 기술의 변화에 따른 인류의 미래를 예견하면서 우리가 미래를 위해 지금 무엇을 해야 하는지 말하고 있습니다. 많은 사람들이 유발 하라리의 말에 귀를 기울이게 된 것은 2016년 구글에서 만든 인공 지능 바둑 프로그램 알파고AlphaGo가 이세돌 바둑기사를 이긴 후부터입니다. '알파고 충격' 이후 어떤 교육이 필요한가에 대해 많은 논의가 일어났지요. 교육 전문가들이 내놓은 의견을 보면 크게 두 가지입니다.

첫째, 책을 읽고 생각하는 힘과 감성을 길러야 한다는 것입니다. 책을 통해 세상을 읽어내는 힘을 기름으로써 사회 변화의 급물살에 휩쓸려가지 않고 창조적인 힘을 발휘할 수 있는 강한 사람이 될 수 있습니다.

둘째, 함께 살아가는 시민 정신을 함양해야 한다는 것입니다. 인공 지능 시대가 현실화되면 일자리 정책이나 기본소득 보장 등이 사회적 과제로 떠오를 수 있습니다. 이때 토론과 합의를 통해 좋은 사회를 만들어갈 수 있는 시민 정신이 필요할 것입니다. 이런 시민 정신도 결국은 폭넓은 독서를 바탕으로 기를 수 있습니다.

그렇다면 지금 우리는 어떤 교육을 받고 무엇을 위한 공부를 하고 있을까요? 그 어느 때보다 독서의 중요성이 대두되고 있지만, 정작 우리 청소년들의 독서량과 독서력은 매우 저조합니다. 우리나라의 대학 진학률은 70퍼센트에 달하고 있지만, 어려운 글을 읽을 줄 아는 문해력Literacy은 OECD 국가 중에 최하위권이라고 합니다. 이런 결과가 나온 것은 수많은 청소년들이 시험과 입시에 필요한 문제집을 푸느라 진짜 그들의 삶에 도움이 되는 책을 읽을 시간이 없기 때문일 것입니다.

청소년들을 대상으로 강의를 할 때마다 느끼는 것은 많은 청소년들이 노동에 대해 잘 모른다는 것입니다. 이는 청소년들은 아직 어리므로 사회 문제에는 관심을 끊고 공부나 열심히 해야 한다는 어른들의 시각 때문일 것입니다. 또 학교나 가정에서 노동 인권이나 정치, 환경, 경제 등의 사회적 문제를 두고 토론하고 대안을 생각해보는 시간이 거의 없었기 때문이기도 하고요. 세월호 참사로 아들을 잃은 한 어머니의 인터뷰 기사를 본 적이 있습니다. 그분은 사건 후 1년을 보내면서 정치가 얼마나 중요한지 알았다고 말하며, 학교에서 선생님들이 학생들에게 정치에 대해 가르쳐달라고 호소했습니다. 정치란 나쁜 게 아니고 반드시 관심을 가져야 하는 것임을 가르쳐달라고 말이지요.

이런 면에서 오늘날 유능한 독자는 지식과 교양을 쌓기 위한 독서에서 나아가 사회를 이해하고 사회 문제를 해결해나가기 위한 적극적인 독서를 하는 사람입니다. 즉, 사회독서를 하는 사람이 똑똑한 독자인 것입니다. 여기 실린 글은 《한겨레신문》 토요판 〈아하! 한겨레〉에 1년간 연재한 것으로, 인권, 민주주의, 경제, 미디어, 환경, 미래 사회 등의 주제에 맞는 책들을 골라 소개한 것입니다. 소개한 책들을 직접 읽어보는 것이 가장 좋지만, 만약 여의치 않을 경우 이 책을 읽어보는 것으로도 세상을 보는 지평이 넓어지는 계기가 될 것입니다.

무엇보다 부모님과 선생님이 먼저 읽어보기를 권합니다. 책 속의 '생각 근육 키우기'에 제시된 질문과 여러 자료를 바탕으로 자녀와 대화를 나눌 수 있을 것입니다. 또 학교 선생님이라면 교과 내용과 연계하여 토론하는 시간을 가져봐도 좋을 것입니다. 자유학기제나 자유학년제를 실시하는 학교에서도 진로독서 시간에 이 책을 활용하면 진로 탐색에 도움이 될 것입니다. 사회에 대한 이해력을 키워주는 책들을 읽다 보면 사회를 바라보는 관점이 생기고, 이를 바탕으로 자신이 하고 싶은 일을 찾을 수 있습니다. 사회를 알면 진로가 보입니다.

2권의 주제는 경제와 미디어입니다. 1부 경제와 사회에서는 가난의 문제를 집중적으로 다룬 『덤벼라, 빈곤』에서부터 현재 우리

경제의 구조적 문제를 가치관과 연결 지어 모색해본 『잘 산다는 것』과 같은 책들을 소개하고 있습니다. 또한 빈부 격차와 실업, 불평등 문제의 대안으로 시도되고 있는 사례들을 소개한 『서른세 개의 희망을 만나다』, 『내 이름은 공동체입니다』 등의 책들도 있습니다.

2부 뉴스와 미디어에서는 뉴스, 광고, 인터넷, 신문, 영화, 랩 등 흔히 만나고 있는 대중매체 속에 담긴 심리적·사회적 의의를 알아보고 있습니다. 또한 어떻게 미디어를 이해하고 비판하며, 동시에 창의적으로 활용할 것인지를 제시하고 있습니다. 특히 『세상은 어떻게 뉴스가 될까』, 『신문, 읽을까 클릭할까?』는 뉴스를 만드는 사람들이 누구인지 알아보고, 뉴스를 제대로 이해하는 방법과 종이 신문의 미래를 생각해봅니다.

경제와 미디어라는 주제는 일견 어려워 보이지만, 전혀 어려운 분야가 아닙니다. 경제와 미디어를 이해해야만 올바른 가치관을 세울 수 있습니다. 이 책을 통해 여러분들이 우리 사회의 주류를 이루는 이데올로기는 어떻게 형성된 것인지, 무엇을 목적으로 하는지, 더 나아가 공동체를 위해서는 어떤 가치를 추구해야 하는지 등을 생각해보는 계기가 되길 바랍니다.

2018년 4월

임성미

1부

경제와 사회

01

96명을 구한 사나이

"나와 당신 사이에 놓인 '돕는다'라는 이 단어는
우리 삶의 정수를 말해줍니다.
이 단어는 '나'라는 주어와 '당신'이라는 목적어가 있어야만
완전해지기 때문입니다."

『사람은 왜 서로 도울까』

정지우 지음, 낮은산

같은 상황에서 왜 누구는 타인을 돕고, 누구는 돕지 않는가 하는 물음에서 출발하는 책. 인문학자 정지우가 진화심리학과 정신분석학을 동원하며 이 질문에 대한 답을 찾는 여정이 흥미롭다.

자신의 목숨을 바쳐 타인을 구한 사람들

2014년 4월 16일에 일어난 세월호 참사는 온 국민에게 커다란 충격을 주었지요. 당시 476명의 승객 가운데 304명이 목숨을 잃거나 실종되었습니다. 배에 문제가 생겼을 때 선장을 비롯한 선원들은 승객들에게 "모두 그 자리에 가만히 있으라"고 말한 뒤 가장 먼저 배를 탈출했습니다. 왜 그들은 수백 명의 승객들을 뒤로한 채 자신들만 빠져나왔을까요? 누구보다 배의 구조를 잘 알고 있고, 승객을 보호할 책임을 진 사람들이 말이지요. 사람들이 두고두고 의문을 갖고 안타까워하고 분노하는 것이 바로 이 부분입니다.

그런데 그 급박한 상황에서도 자기 목숨을 바쳐 생명을 구한 사람들이 있었습니다. 당시 학생들을 인솔했던 선생님들은 대부분 물이 차오르는 객실에 끝까지 남아 아이들을 구하다가 희생되었습니다. 승무원 박지영 씨, 사무장 양대홍 씨, 그리고 결혼을 앞둔 연인 사이였던 아르바이트생 김기웅 씨와 승무원 정현선 씨는 마지막까지 승객들을 구하려고 애쓰다가 세상을 떠났습니다.

이런 일을 겪으면서 우리는 의문을 가질 수밖에 없습니다. 왜 누구는 목숨까지 내놓고 타인을 돕고, 누구는 돕지 않는 것일까요? 남을 돕는 숭고한 행위를 볼 때에는 인간의 선한 인격에 감동하다가도, 눈앞에서 사람이 죽어가도 외면하는 사람들을 볼 때에는 깊은 절망감을 느낍니다. 인간의 상반된 두 모습은 무엇 때문일

• 자기를 희생하며 남을 돕는 마음은 어디에서 비롯되었을까?

까요?

서로 돕는 사회가 좋은 사회라는 것은 누구나 잘 아는 사실입니다. 그런데 갈수록 서로 돕기는커녕 점점 더 잔인해지고 있다는 생각마저 듭니다. 이러한 때 서로 돕는 이유를 안다면 사람들이 더 많이 타인을 도울 수 있지 않을까요?

『사람은 왜 서로 도울까』는 바로 이런 질문을 갖고 쓴 책입니다. 결론부터 말하면, 사람이 서로 돕는 이유는 남을 돕는 것이 좋은 사회를 만드는 길이고, 그것이 개인들에게도 좋은 일이기 때문입니다. 어찌 보면 빤해 보이는 정답 같지만 이 책은 그 정답을 찾아가는 과정을 매우 흥미진진하게 보여주고 있습니다.

유전자의 힘 vs. 무의식의 명령

저자는 먼저 인간이 서로 돕는 이유를 진화심리학이라는 관점에서 설명해줍니다. 진화심리학은 인간의 심리를 진화론*의 입장에서 설명하는 학문입니다. 진화심리학은 우리가 다양한 감정을 느끼고 판단하고 행동하는 바탕에는 진화로 인해 형성된 '본능'이 결정적인 역할을 하고 있다는 논리를 폅니다. 예를 들어, 일반적으로 남성이 컴퓨터 게임을 좋아하고 여성이 쇼핑을 좋아하는 이유를 진화심리학자들은 어떻게 설명할까요? 그들은 남성들이 컴퓨터 게임을 좋아하는 것은 그 옛날 사냥을 즐기던 습성을 대신하는 것이고, 여성들이 쇼핑을 즐기는 이유는 수렵 채집 사회 때 늘 열매를 따러 다니던 수집 행위가 지금의 쇼핑으로 이어지고 있다고 말합니다. 그런 맥락에서 볼 때 우리가 서로 돕는 이유도 이미 유전자에 저장되었기 때문이라는 게 진화심리학자들의 주장입니다.

『이기적 유전자』의 저자 리처드 도킨스Richard Dawkins는 DNA가

* 생물은 환경에 적응하면서 단순한 것에서 복잡한 것으로 진화하며, 생존 경쟁에 적합한 것은 살아남고 그렇지 못한 것은 도태된다는 학설.

'불멸'하려면 타인을 돕는 것이 유리하기 때문에 인간은 서로 돕는다고 주장합니다. 이에 따르면 수컷 사마귀가 암컷을 만나 교미를 하여 자기 유전자를 전달하고 난 후에 암컷 사마귀에게 아무런 저항 없이 잡아먹히는 것도 같은 이유입니다. 자기가 잡아먹힘으로써 자기 유전자가 생존할 가능성이 높기 때문에 저항하지 않는다는 것이지요.

이것을 인간에 적용한 게 진화생물학자 윌리엄 해밀턴William Hamilton에 의해 제기된 혈연 선택 가설입니다. 우리 인간은 부모가 되면 자신의 시간, 노력, 돈뿐만 아니라 때로 목숨까지 자식을 위해 희생합니다. 즉, 자기 유전자를 자식을 통해 계속 살아남도록 하기 위해서라는 것입니다.

그럼 핏줄과 상관없는 타인을 돕는 이유는 무엇일까요? 진화심리학자들은 이미 자식을 사랑하도록 세팅된 '동정심' 같은 감정이 다른 사람을 돌보는 데 적용된 것으로 설명합니다. 생판 모르는 사람에게 기부하는 것도 자신에게 돌아오는 이익이 있기 때문입니다. 즉, '도덕적이고 본받을 만한 사람'이라는 좋은 평판을 얻으면 생존에 도움이 된다는 논리입니다. 독립운동가처럼 나라를 위해 목숨까지 바치는 사람들도 집단을 위해 헌신하도록 이미 '프로그래밍'되었다고 진화심리학자들은 말합니다. 인류가 진화하는 과정에서 집단 생존에 좋은 조건의 인간이 더 살아남았기 때문에 집단을 위해 희생한다는 것이지요. 스포츠 경기에서 자신을 희생하여

인간의 이타성은 오랫동안 수많은 학자들의 연구 주제가 되어왔다.

같은 팀원을 돕는 것처럼 말입니다.

우리가 남을 돕는 이유가 이미 유전자에 내재된 본능 때문이라는 진화심리학자들의 주장과 다른 차원에서 인간의 '이타성'을 연구한 학문이 있습니다. 바로 정신분석학입니다. 정신분석학은 우리 내면의 숨겨진 무의식에 주목합니다. 명품을 갈망하는 이유를 이성에게 부유함을 과시하여 자기 유전자를 번식시키기 위한 오랜 진화의 결과라고 설명하는 게 진화심리학이라면, 정신분석학에서는 이를 자아가 지닌 '욕망'에 근거한다고 봅니다. 그리고 그 욕망은 본능이 아니라 태어난 후 경험을 통해 심어졌다고 설명합니다.

정신분석학을 창시한 지크문트 프로이트Sigmund Freud는 '초자아'* 라는 말로 사람이 서로 돕는 이유를 설명합니다. 사람이 타인을 돕는 이유는 우리 내면의 초자아가 내린 명령에 따른 결과입니다. 우리는 어려서부터 "남을 도와야 한다"는 말을 계속 들었기 때문에 그것을 당연한 도리이고 따라야 할 의무로 인식하고 있어서 그 명령에 따라 행동한다는 것입니다. 도덕, 규칙, 법의 명령이 초자아의 목소리입니다. 그에 따르면 마더 테레사 수녀가 평생을 가난하고 불행한 사람들을 위해 헌신한 것도 바로 신의 목소리, 초자아의 명령에 따른 것입니다.

프로이트에 이어 정신분석학을 연구한 학자 자크 라캉Jacques Lacan은 인간이 타인을 돕는 이유를 나르시시즘**으로 설명했습니다. 그리스 신화에 나오는 나르키소스가 물에 비친 자신을 너무나 사랑한 나머지 물에 빠져 죽었듯이, 인간도 타인을 돕는 자신의 모습을 너무 사랑하기 때문에 타인을 돕는다고 말합니다. 또 라캉은 우리 내면에는 늘 자신을 바라보고 누구냐고 묻는 존재가 있다고 말합니다. 그리하여 내 안에서 '너는 누구냐?'라고 물으면 '나는 도덕적인 사람이야'라고 대답하게 되고, 그것에 맞추어 우리는 도

---

* 프로이트는 정신의 구조에서 인격을 본능 영역인 이드id와 의식하는 자아, 초자아로 나누어 설명했다. 초자아는 자아보다 더 높은 사회적 가치나 이상 등을 실현하려는 영역이다.

** 정신분석학에서는 자기 자신에게 애착하는 '자기애'로 설명한다.

덕적인 행동을 하게 된다고 주장합니다.

더 좋은 사회로 이끄는 에너지, 공감적 상상력

그렇다면 왜 누군가는 돕고 누군가는 돕지 않을까요? 그 이유에 대해 진화심리학자라면 '유전자가 다르기 때문이다'라고 대답할 것이고, 정신분석학자는 '내면의 상처나 성장 과정이 다르기 때문이다'라고 대답할 것입니다. 이 책의 저자는 그 이유를 '공감적 상상력'으로 설명하고 있습니다. 참치 원양 어선을 이끌던 전제용 선장의 사례를 들어볼까요? 1985년 11월 14일, 1년간의 조업을 마치고 한국으로 돌아오던 전제용 선장은 바다 한가운데서 난파선을 발견합니다. 그 난파선은 베트남 전쟁 이후 공산화를 피해 탈출한 난민들이 탄 배였습니다. 이들은 일명 '보트피플Boat people'이라 불렸는데, 당시 국제적으로 상당한 골칫거리였지요.

전제용 선장은 고심 끝에 구조에 나섭니다. 관여하지 말라는 회사 방침을 따르지 않고 말이지요. 난파선에는 96명의 베트남인들이 사흘 동안 굶주린 상태로 있었습니다. 전제용 선장은 모든 책임을 자신이 진다는 각오로 12일간 식량을 나누어 먹으며 부산으로 돌아왔습니다. 한국으로 돌아온 즉시 그는 회사로부터 해고 통지를 받았고 당국에 불려가 조사까지 받았습니다. 이후 그는 고향

• 남베트남의 패망 이후 많은 난민들이 보트나 어선으로 탈출했다.
사진은 1975년 4월 남중국해에서 발견된 난민들.

에 내려가 양식업을 하며 생계를 유지했습니다. 훗날 한 인터뷰에서 그는 "지금까지도 저는 96명의 생명을 살린 제 선택을 후회한 적이 한 번도 없습니다"라고 말했습니다. 전제용 선장의 이런 행동은 본능이나 도덕적 명령보다도 그가 가진 정신적 능력, 신념에 의한 것입니다. 그는 배에 타고 있는 사람들의 딱한 입장을 상상했습니다. 자신의 이익을 위해서도 아니고 회사의 명령에 따른 것도 아닙니다. 오로지 자신의 상상과 판단(이성)에 따라 결정한 것입니다.

우리는 전제용 선장처럼 타인의 입장을 상상하고, 그러한 상상을 마치 자기 자신의 일인 것처럼 받아들여 공감하는 능력이 있습니다. 저자는 이런 공감적 상상력이 좋은 사회를 만들어가는 강력한 동력이라고 강조합니다. 전제용 선장과 같은 신념을 가진 사람을 존중하고 따라 하는 사회가 좋은 사회입니다. 우리 인간은 타인 속에서 살아가는 사회적 존재입니다. 사람은 왜 서로 도울까요? '남을 돕는 것이 곧 우리 삶 자체이기 때문'이라는 것이 저자가 내린 결론입니다.

생각 근육 키우기

1. 한 사회가 얼마나 사회다운가, 그 사회의 시민이 얼마나 시민다운가를 측정하는 지표가 있는데 이를 사회적 자본Social capital이라고 합니다. 사회적 자본에 대해서는 학자들마다 기준이 다르지만 기본적으로, 상호 신뢰, 호혜성, 협력 등이 중요하게 거론됩니다. 예를 들어, 길에서 지갑을 잃어버렸는데 주인에게 돌아올 확률이 높은 사회라면 신뢰성이 높은 사회입니다. 또 자기 이익만 추구하는 게 아니라 타인의 이익도 고려하여 윈-윈win-win하고자 하는 경향은 호혜성입니다. 협력은 사람들이 일을 할 때 혼자하기보다 다양한 재능을 가진 사람들이 모여 더 좋은 성과를 만들어내는 것입니다. 우리나라는 이런 사회적 자본이 많은 나라인지 아닌지 생각해보세요. 또 사회적 자본이 풍성한 사회를 만들려면 어떻게 해야 할지 생각해보세요.

····>

도움말) 이 책에 따르면 우리나라는 경제적으로는 세계 10위권에 들 만큼 부자 나라이지만 사회적 자본은 70위 정도에 머무르고 있습니다. 그만큼 사회 구성원이 서로 믿지 못하고, 상호 이익을 추구하지도 않으며, 자발적인 협력도 잘 이루어지지 않는다는 의미입니다. 이를 달리 말하면 서로 돕지 않고 살고 있다는 말이 됩니다. 국제경영개발원IMD에서는 매년 국가별 사회적 자본 순위를 매기는데, 우리나라는 정치인에 대한 공공의 신뢰 97위, 노사 간 협력 132위, 여성 경제 활동 참가율 91위, 기업의 직원에 대한 권한 이양 정도 64위입니다.(2014년 기준) 사회적 자본을 늘리려면 능력이나 서열을 기준으로 타인을 판단하기보다 공감적 상상력을 바탕으로 남을 돕는 것을 좋은 가치로 여기는 사회, 정당한 사람을 존경하는 사회가 되어야 할 것입니다.

2. 애플 사를 만든 스티브 잡스는 창의적이고 열성적으로 살면서 많은 사람들에게 영감을 준 인물로 알려져 있습니다. 그는 자신의 가능성을 최대한 발휘한 사람입니다. 하지만 저자는 그가 정당한 사람이라고는 말할 수 없다고 말합니다. 책에 나온 아래 글을 읽어보고 저자의 의견에 대해 생각해보세요.

"스티브 잡스가 이윤 창출을 위해 중국 노동자들을 가혹하게 착취했다는 이면은 잘 알려져 있지 않습니다. 애플의 아이패드를 조립하기 위해 노동자들은 시간당 900원 정도의 돈을 받았고, 1년에 350만 원가량을 받으면서 일했습니다. 그러한 처참한 노동 조건 때문에 십수 명의 노동자들이 연쇄적으로 자살하기도 했지요. 그런 와중에 스티브 잡스는 1,000억 달러(약 100조)가 넘는 돈을 회사에 쌓아두고 있었습니다. 자기 자신과 자기 회사를 위해 최선을 다한 그를 나쁜 사람이라고 볼 수는 없겠지만, 정당한 사람이라고도 말할 수 없을 것입니다."

····>

도움말) 저자는 정당한 삶이란 살아가면서 내가 받는 영향과 내가 주는 영향을 이해하고 책임지는 삶이라고 말하고 있습니다. 스티브 잡스는 자신의 가능성을 최대한 발휘한 사람이긴 하지만 자신의 경영 방식이 수많은 노동자들에게 미치는 영향에 대해서는 생각해보지 않았습니다. 즉, 공감적 상상력이 부족했던 것입니다.

No. 01

친구의 글

이 책을 통해 진화심리학과 정신분석학이라는 분야에 대해 새로운 것들을 많이 알게 되었다. 저자가 알려준 여러 사례들을 읽으면서 인간은 어떤 존재이고 '나는 누구인가'에 대해 질문하고 그것에 대해 생각해보게 되었다. 책을 읽으면서 느낀 점은, 현재의 나는 '나'로 살고 있지 않다는 것이다. 현재의 '나'는 다른 사람들이 보는 '나'에 얽매여서 다른 사람들이 나를 어떤 시각으로, 어떠한 사람으로 평가하는지에 묶여 있다.

이렇게 다른 사람의 시선을 의식하는 사람이 나만은 아니겠지만, 나는 다른 사람들에게 내 매력을 각인시키려고 애쓰고 있다. 내가 조금 더 성장해나가면서 다른 사람들과 소통해가며 '나'를 수정한 결과일 수도 있겠지만 그 수정의 결과가 소극적이고 너무 안전하게만 가고 있다는 생각이 들었다. 학교에서 성찰이라는 주제로 '나'에 대해서 생각해볼 수 있는 시간을 가졌었다. 처음 만나는 사람들과의 어색한 관계 속에서, 숨겨왔던 나의 상처 속에서, 다른 친구들과의 난처한 관계 속에서 '나'는 어떤 사람인지를 생각해볼 수 있고, 또한 그 안에서 '나'는 어떤 책임을 지고, 친구들에게 어떤 말과 행동을 해야 하는지 생각해보는 시간이었다.

만약 세월호가 침몰했을 때 사고를 막고 책임을 져야 하는 분들이

'나'는 어떤 사람이고, 내가 어떤 책임을 져야 하는지 알았다면 배에서 제일 먼저 내리고 기억이 나지 않는다고 말할 수 있었을까? 어쩌면 이 어른들의 '나'는 수십 년 후 내가 될 수도 있다는 것이 걱정스럽다. 서로를 챙겨주고 도와주면서 서로에 대해서 책임을 지고, 한 번 더 생각할 수 있는 '나'들이 많아졌으면 좋겠다.

_박다안(이우중학교 1학년)

02

낙수 효과라는 이름의 환상

"이 모든 문제의 근본 뿌리는 우리가 본심을 잃고
'나 혼자'만 잘 살려고 탐욕에 빠져
인간적인 공동체의 그물망을 갈기갈기
찢어 놓았다는 데 있다고 생각해요."

『잘 산다는 것』

강수돌 지음, 박정섭 그림, 너머학교

경영학 교수이자 마을 이장을 지낸 강수돌 선생님이 들려주는 새로운 경제 이야기. 일 중독, 소비 중독 사회에서 벗어나 인간적이고 생명력 넘치는 좋은 삶을 위해 공동체와 더불어 행복한 삶을 설계하는 법을 말한다.

행복의 비밀 코드

행복하게 살고 싶은 마음은 누구나 갖는 소망입니다. 하지만 어떻게 사는 것이 행복한가에 대한 답은 지구상에 살고 있는 사람 수만큼이나 다양할지도 모릅니다. 지난 2011년 KBS에서 제작한 다큐멘터리 〈행복의 비밀코드〉에서는 돈과 행복의 관계에 대한 흥미로운 조사 결과를 보여주었습니다. 월수입 400만 원 이상부터는 돈을 많이 번다고 해서 행복이 비례해서 높아지지는 않았습니다. 그러니까 1,000만 원을 넘게 버는 사람과 600만 원을 버는 사람의 행복감은 별 차이가 없었다는 뜻입니다. 가난을 벗어날 만큼의 돈만 벌면 그다음부터 행복을 느끼는 데에는 돈의 많고 적음이 별 영향을 주지 않는다는 것이지요. 그렇다면 행복의 비밀 코드는 무엇일까요? '긍정 심리학'의 선구자 미하이 칙센트미하이Mihaly Csikszentmihalyi는 한 인터뷰에서 "자신을 가치 있게 여기는 사람, 왜 사는지에 대한 가치를 만드는 사람이 행복하게 살 수 있다"고 말했습니다.

'돈을 많이 버는 것이 반드시 행복을 보장해주는 것은 아니다'라고 다큐에서는 말하고 있지만, 여기서 반드시 짚어야 할 점이 있습니다. 바로 월수입 400만 원이라는 돈입니다. 400만 원을 못 버는 사람 중에 자신이 행복하다고 말하는 사람은 많지 않았습니다. 부자가 된다고 해서 행복한 것이 아니듯, 가난할 때 역시 행복을 느끼기는 어렵습니다. 살아가기 위해서 기본적으로 필요한 돈을 벌어야 행복하다고 느낄 수 있는 것입니다. 자신을 소중하게 여기고 가치 있는 삶을 추구하려면 먼저 기본적인 생활을 할 수 있는 돈이 있어야 합니다.

그럼 지금 우리나라 경제 상황은 어떨까요? 『잘 산다는 것』에서 저자 강수돌 교수는 불평등한 현실을 지적하고 있습니다. '88만 원 세대'라는 말을 한 번쯤 들어보았을 것입니다. 2007년에 나온 책 제목이기도 한데, 고용 불안에 시달리며 살아가는 한국의 20대 청년들을 일컫는 말입니다. 이 말이 처음 나온 지 10년이 지났지만 청년들의 현실은 여전히 어둡습니다. 학비와 생활비는 갈

수록 늘고 있는데 취업은 힘들고, 또 취업을 한다고 해도 비정규직이 대다수여서 생계 걱정을 해야 합니다. 정규직과 비정규직의 임금 차이도 크지만, 계층 간의 임금 격차도 문제입니다. 우리 사회의 소득 계층의 상위 20퍼센트가 하위 20퍼센트에 비해 평균 7배 정도 많이 번다고 합니다. 이런 불평등한 상황에서 청년들이 느끼는 상대적 박탈감과 좌절감이 클 수밖에 없음을 저자는 말하고 있습니다. 게다가 나이가 들어도 이런 상황이 개선될 여지가 없다면 어떨까요? 기업에 들어가서도 안정된 미래를 보장해주지 못하는 상황에서는 청년들이 열심히 일하기를 기대할 수 없을 것입니다. 늘 불안해하면서 능력을 발휘하기는 힘든 일이지요.

여기에 기업의 정리 해고도 사람들을 불안으로 몰아갑니다. 정리 해고란 기업이 인건비를 절감하기 위해 노동자를 해고하는 것을 말합니다. 법적으로는 기업이 경영에 심각한 위기가 생겼을 때만 해야 하며, 법에 따른 엄격한 절차를 거쳐야만 할 수 있게 되어 있습니다. 하지만 현실에서는 형식적 요건만 갖추고 무자비하게 사람을 줄여나가는 일이 비일비재합니다. 사회 안전망•이 부실한 우리나라에서 이런 정리 해고는 노동자 개인은 물론 그가 책임지고 있는 가정을 한순간에 무너뜨리는 사망 선고와도 같습니다.

• 한 사람이 사회 속에서 살아가기 위해서 보장받아야 할 의료, 주택, 교육, 노후 등과 같은 기본적인 복지.

저자는 해고가 단순히 밥그릇 문제만은 아니라고 말합니다. 일자리란 생계의 수단이기도 하지만 다른 사람들과 관계를 맺고 자부심과 삶의 보람을 느끼게 해주는 공간이기 때문입니다. 그러므로 일자리를 잃으면 엄청난 상실감과 패배감을 느낄 수 있습니다. 이런 면에서 해고란 경제적 죽음이면서 동시에 사회적 죽음이라고 저자는 말합니다. 열심히 일한 죄밖에 없는 사람들이 하루아침에 해고자가 된다는 것은 생계 걱정만이 아니라 죄책감, 수치심, 박탈감, 무력감을 불러일으키고 동시에 분노와 증오, 적개심을 초래할 수 있다는 것입니다.

성장의 낙수 효과를 믿을 수 있을까?

그런데 우리는 그동안 "기업하기 좋은 세상을 만들자", "기업이 살아야 나라가 산다"는 말을 많이 들었습니다. 기업하기 좋은 세상이 되어야 경제가 살아나고 취업도 잘된다는 논리입니다. 얼핏 보면 틀린 점이 없습니다. 이런 논리로 그동안 기업을 경영하는 입장에 유리하도록 정리 해고를 쉽게 할 수 있게 해주고, 비용 절감을 위해 비정규직을 많이 만들도록 허용해주었지요. 대개 기업가들이나 정치가들, 그리고 그 사람들의 처지를 대변하는 학자나 언론은 '트리클 다운Trickle Down'이라는 전문 용어를 쓰면서 경제 성장이

• 대기업과 부유층의 낙수 효과는 기대와는 다르게 부익부 빈익빈의 양극화를 심화시켰다.

우선적으로 중요하다고 강조합니다. 트리클 다운 효과란 마치 탑처럼 그릇들을 켜켜이 쌓아놓았을 때, 가장 위쪽 그릇의 물이 흘러넘치면 자연스레 아래쪽 그릇에도 물이 흘러내려 고이게 된다는 이론입니다. 흔히 '낙수 효과'라고도 불리지요. 대기업이나 수출 기업들이 돈을 많이 벌면 자연스레 중소기업이나 일반 국민들도 부자가 될 수 있다는 논리입니다.

저자는 이 논리에 대해 반박합니다. 윗물이 넘쳐흘러 아래로 가는 것이 아니라 오히려 아랫물을 뽑아 올려 위로 가지고 가는 일이 더 많다는 것이지요. 예를 들어, 자동차를 수출하는 대기업들은 약 3,000여 개의 부품을 완성차로 조립해서 수출하는데, 대기업들이 수출 경쟁력을 높인다는 이유로 부품을 공급하는 작은 기업들에 정당한 돈을 주지 않는 일이 많습니다. 노동자들에게는 납품 기한을 맞추기 위해서 밤낮으로 일하도록 강요하면서 말이지요. 이런 중소기업에서 일하는 비정규직은 월급도 적고 언제 잘릴지 모르는 상태에서 일합니다. 그렇게 해서 대기업이 돈을 벌면 그 돈을 고생하는 노동자들에게 나눠주고 있나요?

프란치스코 교황의 말씀이 떠오릅니다.

"과거엔 유리잔이 흘러넘치면 가난한 자들에게 혜택이 돌아간다는 믿음이 있었지만, 지금은 유리잔이 가득 차면 마술처럼 잔이 더 커져버린다."

경제 민주화로 함께 잘사는 사회

저자는 이 책에서 돈벌이 경제에서 사람과 자연을 살리는 경제로 나아가자고 주장합니다. 이를 위해 먼저 일중독, 소비 중독을 조장하는 사회 체제 속에서 삶의 균형을 되찾자고 말합니다. 일을 잘하면 인정을 받아서 기분이 좋고, 소비를 할 때마다 대접을 받는 느낌을 받습니다. 소비하면서 느끼는 만족감 때문에 또 무리하게 일을 하게 되지요. 소비 중독이 일중독을 부추깁니다. 이럴 때 명품이나 유행에 쏠리기보다 자기에게 진정으로 필요한 것에 초점을 두고 소비를 한다면 결과적으로 노동이 줄어들고 진정한 여가를 즐길 수 있게 될 거라고 저자는 강조합니다.

둘째, 건강하고 신바람 나는 공동체 운동에 참여하는 것입니다. 함께 텃밭을 가꾸고 착한 소비를 하면서 서로 돕는 공동체 운동을 함으로써 나 혼자가 아니라 더불어 행복하게 살아가는 세상을 만들 수 있다고 주장합니다. 예를 들어, 미국의 대학생들이 '노동 착취 기업에서 만든 옷 안 사기 운동' 같은 걸 벌인 적이 있는데, 이런 소비 운동에 동참하는 것입니다.

셋째, 사람답게 사는 경제 민주화를 이루어야 합니다. 제아무리 공동체 운동을 하려고 해도 세상이 돈과 권력을 중심으로 돌아간다면 좋은 사회가 되기 어렵습니다. 최근에 재벌 개혁 또는 재벌 해체에 관해 사람들의 관심이 커지고, 사회 양극화 또는 불평등의 해소, 그리고 사회 복지에 대한 요구가 높아지고 있는 건 바람직한 일입니다. 이런 관심을 바탕으로 국민 대다수를 이루는 노동자, 농민, 학생들의 삶의 질이 좋아질 수 있도록 경제 민주화를 이루어가자는 게 저자가 책의 마지막에서 강조하는 점입니다.

생각 근육 키우기

1. 이 책에는 미국 갤럽이 2011년에 148개국 15세 이상 국민 1,000명을 대상으로 조사한 행복지수 결과가 소개되어 있습니다. 아래 항목에 1부터 10까지 점수를 부여해본 후 총점을 매겨보세요. 행복지수를 높이려면 어떤 노력이 필요한지 생각해보세요.

1. 잘 쉬었다고 생각한다.
2. 온종일 존중받으며 살고 있다.
3. 많이 웃으며 산다.
4. 재미있는 일을 하거나 재미있는 걸 배웠다.
5. 즐겁다고 자주 느낀다.

- 나의 점수는?

····>

- 어떤 노력을 하고 싶은가?

····>

도움말) 조사 결과, 미국과 중국은 공동 33위를 했고, 일본은 59위, 한국은 97위였습니다. 그럼 1위는 어느 나라였을까요? 파나마와 파라과이 국민이 가장 행복하다고 느꼈다고 합니다. 한편 유엔 지속가능발전해법네트워크SDSN가 조사한 행복지수 평가에서 우리나라는 157개국 중에 58위였습니다. 이 조사는

GDP(국내총생산), 기대 수명, 정부와 기업의 투명성, 개인의 자유, 사회적 지원 및 정서적 항목들을 평가하여 행복지수를 산출하는데, 2016년에는 덴마크가 1위였습니다. 스위스, 아이슬란드, 노르웨이, 핀란드, 캐나다, 네덜란드가 그 뒤를 이었습니다.

2. 이 책의 저자는 마을 이장을 한 경험을 말하고 있습니다. 책에는 또 공동체 운동의 여러 사례들이 소개되어 있습니다. 혼밥, 혼술 같은 말이 자주 등장하고 1인 가족이 늘고 있는 추세인데, 어떻게 하면 도시 안에서 사람들이 서로 돕고 어울려 사는 공동체로 모이게 할 수 있을까요?

····>

도움말) 생활 환경과 경제적인 공통분모가 있는 농어촌은 공동체 형성이 어렵지 않지만 개인적인 성향이 강하고 여건이 각기 다른 도시에서 공동체를 이루기는 쉽지 않습니다. 도시에서는 착한 소비, 유기농 생활협동조합, 공동육아 등과 같이 서로 생각이 같은 사람들이 연대하는 공동체를 생각해볼 수 있습니다. 요즘은 독립을 존중하면서 함께 사는 '셰어하우스' 등과 같은 공동체 주거 형태도 생겨나고 있습니다.

No. 02

친구의 글

"잘 산다는 것은 무엇일까?" 책의 표지를 보고 해본 혼잣말이다. 영화 〈아이언 맨〉에 나오는 것처럼 으리으리한 집에서 화려하게 사는 것일까? 많은 사람들도 '잘 산다는 것'을 돈을 많이 가진 부자로 살아가는 것으로 해석할 것이다. 그런데 이 책을 읽고 '잘 산다는 것'에 대한 나의 기존의 이미지가 바뀌게 되었다.

가장 인상 깊었던 점은 경제와 행복의 관계였다. 우리나라를 비롯한 미국, 일본 등 선진국으로 불리는 나라들의 국민 행복도가 가난한 나라들보다 낮은 게 충격적이었다. 돈이 많다고 무조건 행복한 것은 아닌 것이다. 미국의 석유왕, 록펠러의 이야기도 기억에 남는다. 그는 많은 스트레스를 받아 55세에 불치병에 걸리고 말았는데, 과거에는 하지 않았던 자선 사업을 하면서 병이 나았다고 한다. 아프기 전만 해도 수단 방법 안 가리고 돈을 벌기 바빴는데 몸이 심하게 아픈 후에 이웃을 돕고 보살피는 선행을 하면서 치유된 것이다. 그는 훗날 자서전에 "인생 전반기 55년은 쫓기며 살았지만 후반기 43년은 행복하게 살았다"고 썼다고 한다.

책에 나왔듯이 현재 많은 사람들이 치열한 경쟁 속에서 비정규직으로 일하며 언제 해고당할지도 모르는 두려움 속에 살고 있다. 이런 현실 속에서 많은 사람들이 삶에 대한 불안과 두려움 없이 행복하게 살기 위해서는 개인이나 사회 모두가 노력을 해야 한다는 것을 느꼈다. 이 책은 지금까지 내가 가져왔던 성공의 의미, 행복의 의미를 다시 세우는 계기가 되었다. 결국 '잘 산다는 것'의 진정한 의미는 성공과 돈만 추구하는 삶이 아니라 행복하게 잘 사는 것이며, 더불어 생각하고 더불어 행복하게 사는 것이라고 생각한다.

_김주현(과천중학교 3학년)

03

꿈을 현실로 만드는 사람들

"우리가 고민하던 도시개발 난제는 쓰레기였습니다.
우리는 이 문제를 해결하기로 마음먹었어요.
우리는 도서관이 아니라 거리로,
사람들이 사는 곳으로 뛰어다녔습니다."

『서른세 개의 희망을 만나다』

얀 홀츠아펠, 팀 레만, 마티 슈피커 지음, 김시형 옮김, 시대의창

독일의 세 청년이 세계 곳곳의 사회적 기업가를 찾아 떠난 여행기. 이윤이 아닌 사회적 가치를 추구하는 사회적 기업가들은 과연 어떤 사람들일까? 세계 곳곳에서 각자 다른 개성으로 다양한 활동을 하는 사람들을 만난다.

생각을 실행에 옮기는 것

페루의 알비나 루이스 리오스Albina Ruiz Rios는 남아메리카에서 쓰레기 처리 전문가로 유명해진 사람입니다. 그는 아마존 정글 근처에서 농장을 경영하는 부모님 밑에서 성장했고, 스무 살 때 엔지니어가 되기 위해 수도 리마에 있는 대학에 입학했습니다. 가난한 동네에서 자취를 한 알비나는 매일 지독한 쓰레기 악취 때문에 고생을 하게 됩니다. 그는 당장이라도 아름다운 아마존 정글로 돌아가고 싶었지만 꾹 참고 견뎠습니다. 그러던 어느 날 도저히 참지 못하고 직접 쓰레기 처리장을 찾아갑니다. 그리고 그날 이후 알비나의 삶이 바뀌었습니다. 그는 쓰레기 처리 문제에 관심을 갖게 되었고, 결국 엔지니어의 꿈을 접고 쓰레기 처리에 관한 연구를 시작했습니다. 그때가 1990년대 초였습니다.

그는 대학생 연구 모임을 만들어 빈민 가정의 건강 비용을 계산했고, 도서관에 파묻혀 자료들을 조사했으며, 리마 시의 부유한 지역만 도는 쓰레기 수거 차량에서 많은 시간을 보냈습니다. 차량 한 대에는 어느 정도의 쓰레기를 실어야 적당한지, 어느 경로로 다녀야 가장 효과적인지, 지금까지 쓰레기를 주워 생활하던 사람들의 생계는 어떻게 보장할 것인지 등을 고민했습니다. 그 결과물로 '빈민 지역 쓰레기 시스템 혁신 방안'이라는 졸업 논문이 만들어졌지요. 그의 쓰레기 처리 시스템은 시의 인정을 받아 정책으로 도입

되었습니다. 리마 시장은 알비나를 즉각 국가 공무원으로 발탁했고, 페루 전역에 그의 쓰레기 처리 시스템이 도입되었습니다.

하지만 알비나는 2년 만에 공직에서 나왔습니다. 부패한 남성 중심 공무원 집단과 끊임없이 씨름하는 데 지쳤기 때문입니다. 그는 대학을 마치자마자 NGO 쪽으로 자리를 옮겼습니다. 그러나 여기서도 알비나는 실망합니다. 아무리 노력해도 성과가 안 보이는 상황과 기구 자체의 비효율성 때문이었지요. 결국 그는 동료들의 지지와 후원을 얻어 자신의 아이디어를 실현할 수 있는 단체를 직접 꾸리기로 결심합니다. '시우다드 살루다블레'가 바로 그 단체입니다. 2001년 출범한 사회적 기업으로, 알비나는 이곳에서 쓰레기를 깨끗하게 처리하면서 동시에 일자리를 만드는 것을 기업의 목표로 삼았습니다. 알비나가 이런 생각을 실행에 옮기자 바로 수많은 일자리가 창출되었습니다.

예를 들어, 어떤 구역이 쓰레기 처리 문제로 골머리를 앓고 있다면 알비나는 이 구역에서 쓰레기를 수거하고 재활용 처리를 할 사람들을 모집합니다. 그리고 그렇게 모인 사람들이 협동조합 형태의 소기업을 차리도록 합니다. 이들은 우선 알비나가 만든 사회적 기업에서 사전 교육을 받은 후, 집집마다 방문하여 쓰레기를 수거합니다. 주부들의 입장에서는 저렴한 비용으로 깨끗하게 쓰레기를 처리할 수 있으니 대환영이었지요. 덕분에 골목과 동네가 훨씬 깨끗해지고 위생적이 되어 아이들이 골목에서 뛰어놀아도 위험하

* 페루의 시우다드 살루다블레를 세운 알비나 루이스 리오스(사진 오른쪽).

지 않게 되었습니다. 알비나가 만든 시우다드 살루다블레는 처음 이 일을 시작하는 협동조합에 1년 동안 재정적 후원을 해줍니다. 협동조합은 주부들로부터 받은 소액의 처리 비용과 재활용품을 팔아서 번 돈으로 자립 기반을 쌓아갑니다. 현재 시우다드 살루다블레는 페루 전역에서 이 사업을 시행하고 있으며, 여기에 참여하는 자원활동가만도 300명이 넘습니다.

전 세계 33개 사회적 기업 탐방기

『서른세 개의 희망을 만나다』는 알비나처럼 사회적 기업가로 활동하고 있는 사람들을 소개합니다. 사회적 기업이란 일자리 창출이나 사회적 약자 보호, 환경 보호, 인권, 지역 사회 환경 개선 등 사회적 가치 실현을 목적으로 설립한 회사를 말합니다. 사회적 기업이 일반 기업과 다른 점은 이윤을 무조건 주주들이 배당받는 것이 아니라 원래 설립 취지에 맞게 가치 있는 일에 쓴다는 점입니다.

이 책은 독일 청년 세 명이 전 세계 33인의 사회적 기업가를 만난 기록입니다. 이들은 2006년 2월 1일 독일을 떠나 인도 대륙을 시작으로 동남아시아, 중앙아메리카, 남아메리카를 거쳐 아프리카까지, 254일 동안 8만 5,000킬로미터를 이동하며 25개국을 여행했습니다. 비행기, 열차, 버스, 지프, 그리고 두 발로 열대 우림과 사막, 작은 마을, 수백만이 사는 대도시를 누볐습니다. 이들은 긴 여행에 필요한 경비를 마련하기 위해 청년 사회 참여 프로젝트를 후원하는 각종 공모에 응모했습니다. 그러자 무모해 보이는 이 청년들의 열정과 비전을 알아주는 사회단체와 기업의 후원이 이어졌고 무사히 여정을 마칠 수 있었습니다.

세 청년의 긴 여행은 잘사는 유럽인의 관광이 아니었습니다. 현지 사람들이 먹는 음식을 먹고, 관광지의 화려한 모습이 아닌 그 지역의 진짜 모습을 만나고자 했습니다. 빈민가와 오염된 곳, 지진 해일로 폐허가 된 마을을 돌아다니며 세계의 어두운 면도 만났습니다. 하지만 이들이 진짜 만나고 싶었던 것은 자기가 살고 있는 지역의 사회 문제를 개선하고 더 나은 환경을 만들려고 애쓰는 사회적 기업가들이었습니다. 세 청년이 만난 사회적 기업가들은 가난, 질병, 기회의 불평등, 착취에 맞서 싸우는 사람들이었습니다. 더 나은 삶을 위해 일하는 사람들이었습니다. 집 없는 아이들을 돕고 해안 생태계를 보존하기 위해, 혹은 쓰레기 처리나 하수 정화를 위한 혁신적인 아이디어를 개발하기도 합니다.

책에 소개된 소제목들만 보아도 알 수 있습니다. 사막에 사는 주민들의 생활 여건 개선을 위해 인공 저수지를 만드는 '그라비스', 가난한 아이들에게 컴퓨터를 가르치는 인도의 '홀 인 더 월', 깨끗한 갠지스강을 만들기 위해 일하는 '에코 프렌즈', 차 농장 주민들의 생계와 생태 농법을 지원하는 '서브', 거리의 아이들을 위해 새

더 나은 삶을 꿈꾸고 실천하는 사람들이 세상을 바꾼다.

드위치 가게를 운영하는 베트남의 '코토', 거대 자본에 맞서 커피조합을 운영하는 라오스의 '자이 커피', 청소년들이 범죄 조직에 빠지지 않고 창의성을 발휘하도록 하기 위해 문화 센터를 운영하는 멕시코의 '시르코 볼라도르', 농촌 지역에 전기를 공급하기 위해 태양광 발전 설비를 임대식으로 보급하는 브라질의 '이데아스', 여성들의 경제적 자립을 위해 화장품을 만드는 아프리카 부르키나파소의 '송타바' 등입니다.

경제를 보는 다른 시선

이들 사회적 기업가들은 이미 미디어를 통해 많이 알려진 사람들이었지만, 세 명의 청년들은 이들을 직접 만나서 이야기를 나누고 싶었습니다. 무엇이 그들을 움직였고 영향을 주었는지, 어디서 자극을 받았고 용기와 자신감을 얻었는지, 어린 시절은 어떻게 보냈고 무슨 장점을 지녔는지, 그리고 사회적 기업을 어떻게 경영하는지도 알고 싶었습니다. 저자들은 33명의 사회적 기업가들을 만난 후 사회적 기업가들의 열 가지 특징을 책 뒤에 정리했는데요, 그 가운데 첫 번째 특징이 지적 토대입니다. 즉, 사회적 기업가 대부분이 고등교육을 받았거나 탄탄한 소양을 쌓은 이들이라는 것이지요. 그들은 가난한 환경에서 자랐든, 부유한 환경에서 자랐든 상관없이 자신들이 공부한 것을 토대로 고민하는 대상을 총체적으로 바라보고 논리적으로 사고할 수 있었습니다. 그리고 이를 바탕으로 이웃과 지역 사회 문제를 자기 일로 받아들이고 몸과 마음을 온전히 헌신할 수 있었습니다. 저자들은 책 말미에 이런 말을 하고 있습니다.

"우리에겐 경제를 보는 다른 시선이 필요하다. 지금 이 세계에는 자신의 행위가 사회적으로 어떤 결과를 가져오는지를 고민하고 이를 회사 장부에 고스란히 기록하는 경영자가 더욱 많이 필요하다. 그리고 그것을 가장 잘 가르쳐주는 귀감이 바로 사회 전체의 안녕을 첫 번째 목표로 하는 사회적 기업가들이다. 사회가 건강하고 평안해야 그 안에 속한 기업 역시 잘되고 발전한다. 이런 사회적인 의식 변화를 위해 우리가 다니는 대학들, 특히 경제학부부터 다른 관점으로 경제와 경영을 가르치고 새 개념을 전파하는 데 앞장서야 한다."

생각 근육 키우기

1. 사회적 기업이란 영리 기업과 비영리 기업의 중간 형태로, 사회적 목적을 우선적으로 추구하면서 재화·서비스의 생산·판매 등 영업 활동을 수행하는 기업(조직)을 말합니다. 영리 기업이 주주나 소유자를 위해 이윤을 추구하는 것과는 달리, 사회적 기업은 사회 서비스를 제공하고 취약 계층에게 일자리를 창출하는 등 사회적 목적을 조직의 주된 목적으로 추구한다는 점에서 차이가 있습니다. 책에 나온 33개의 사회적 기업을 알아본 후 나라면 어떤 사회적 기업을 만들고 싶은지 생각해보세요.

····>

도움말) 사회적 기업가가 기존의 NGO 활동가나 시민운동가와 다른 점이 있다면 이들은 사회 문제를 해결하기 위해 기업가의 방식으로 생각하고 행동한다는 점입니다. 책에도 나왔듯이 사회적 기업을 만들려면 먼저 학교나 지역 사회에서 평소 문제가 있다고 여긴 것을 찾아야 합니다. 페루의 알비나 루이스 리오스가 빈민가에서 자취를 하면서 쓰레기 악취를 해결하기 위해 뛰어들었듯이, 사회 문제를 해결할 방안을 생각해보면 됩니다. 우리나라 사회적 기업은 주로 일자리 제공형과 사회 서비스 제공형이 많습니다. 한국사회적기업진흥원 홈페이지에 들어가면 다양한 형태의 사회적 기업을 알 수 있고, 관련 정보들을 얻을 수 있습니다.

2. 이 책은 '아주 특별한 254일의 대안 세계여행'이라는 부제가 붙어 있습니다. 대안 여행은 '착한 여행'으로도 불리는데, 유명 관광 명소만 둘러보는 여행이 아니라 현지 사람들을 만나 이야기를 나누고 일정 기간 머물면서 그들의 삶에 공감하는 여행입니다. 책에서 저자들이 방문했던 곳도 좋고, 평소 가고 싶었던 여행지를 정해서 여행 계획을 짜보세요.

····>

도움말) 최근 한국에서도 여행에 대한 고민과 '대안 여행' 담론이 확산되고 있습니다. 대안 여행을 하기 전에 먼저 관심 있는 지역이나 분야를 떠올려보세요. 캐나다의 크레이그 키엘버거는 열두 살 때 아동 노동 문제에 관심을 가진 후 직접 서남아시아를 여행합니다. 여행을 통해 자신이 하고 싶은 일과 그것의 가치를 확인한 크레이그는 나중에 '어린이에게 자유를(프리더칠드런)'이라는 단체를 설립하여 지금까지 활동하고 있습니다.

No. 03

친구의 글

기본권의 보장과 부족함 없는 의식주는 당연한 권리로 느껴진다. 그러나 아프리카, 남미, 동남아에는 인간다운 삶을 누리지 못하는 사람들이 많다. 이 책에서는 이런 상황을 바꾸려 고군분투하는 33인의 '사회적 기업가'들을 만난다.

개인적으로는 코토KOTO를 소개하는 부분이 가장 기억에 남았다. 코토는 지미 팜이 하노이 청소년들의 더 나은 앞날을 위해 만들었다. 코토는 1993년 샌드위치 가게부터 시작해, 현재 청소년들에게 호텔 및 요식업계 취업 교육을 실시한다. 이곳에서 영어와 서빙 교육, 요리를 배운 청소년들은 자신감을 쌓고 취직도 하여 삶을 이어갈 방법을 찾는다. 코토의 이야기를 읽으며 "배우지 못해서 일어설 수 없다"는 것이 얼마나 힘든 일인지를 실감했다. 아무 교육도 제공받지 못해서 꿈도 용기도 가질 수 없다고 생각하니, 그들에게 코토가 얼마나 큰 구원이었는지 알 수 있었다.

33인의 사회적 기업가들은 자신이 살고 있는 곳에서 일어나는 일을 그냥 지나치지 않고 가슴 아파하고 안타까워하며 해결 방법을 찾으려고 했다. 그러므로 가장 중요한 것은 관심이다. 그들이 계획에서부터 일을 하기 위한 기초 자금을 모으는 일, 그리고 포기하지 않고 끝까지 해내려는 정신이 없었다면 실패했을 것이다. 하지만 사회적 기업가들은 말한다. 당신이 누군가를 돕고 싶다고 진정으로 느낀다면, 그것은 그렇게 높은 장애물은 아니라고. 또 지구 안에서 사는 사람들과 내가 가진 것을 나누고 함께 발전해나간다는 것은 무엇보다도 가치 있는 일이라고 말이다.

_심현주(명덕외국어고등학교 1학년)

04

인간다운 삶을 살 권리

"사회는 인간으로 이루어져 있다.
그 인간을 찌그러뜨려서
사회가 잘될 리 없다."

『덤벼라, 빈곤』

유아사 마코토 지음, 김은진 옮김, 찰리북

도쿄대 법학정치학연구과 대학원을 다니다 빈곤 퇴치 운동에 뛰어들어 화제를 모은 유아사 마코토. 그가 빈곤에 대한 자신의 경험과 생각을 담아낸 책이다. 빈곤 문제가 알고 보면 우리들의 이야기라는 사실을 설득력 있게 보여준다.

그저 열심히 하란 말

여기 8개의 의자가 있습니다. 그 옆에 10명이 서 있습니다. 음악이 울리는 동안 의자 주변을 빙글빙글 돌다가 음악이 멈추면 재빨리 의자에 앉아야 합니다. 8명은 의자에 앉지만 2명은 탈락하겠지요. 누구나 한 번쯤 해보았을 의자 뺏기 게임입니다.

2명이 의자에 못 앉은 이유는 무엇일까요? 동작이 느려서? 음악에 귀를 기울이지 않아서? 기운이 없어서? 아니면 운이 없어서일까요? 아니지요. 진짜 원인은 의자가 8개밖에 없었기 때문입니다. 의자가 2개 부족한 이상 어쩔 수 없이 2명은 못 앉게 되어 있습니다. 아무리 잘하려고 노력해도 2명은 탈락할 수밖에 없지요. 의자 뺏기 게임에 참가하는 사람들이 육상 경기 선수라고 할지라도 2명은 탈락하게 되어 있습니다. 그러므로 의자에 앉지 못한 것은 본인의 노력이 부족해서가 아니라 의자 개수가 부족했기 때문이라는 결론이 나옵니다. 의자 개수를 늘리면 다 앉을 수 있겠지요.

『덤벼라, 빈곤』에서 저자는 이제까지 우리 사회는 의자에 앉지 못한 사람들에게 주목해왔다고 지적합니다. 그래서 의자 뺏기 게임에서 앉지 못한 것은 본인의 노력이 부족했던 탓이고, 더 노력하면 앉을 수 있을 것이라는 해결책밖에 나올 수 없었다고 말합니다. 그 결과, 모두들 '어떻게든 앉자'라는 생각으로 그저 공부 또 공부에, 열심히 학원 다니기, 뭐든 배우기를 외치며 한도 끝도 없이 바쁘게 살아왔다고 말합니다. 사람은 10명이 있는데 의자가 몇 개 마련되어 있는가 따위는 신경 쓰지 않았다는 것이지요. 그저 스스로 열심히 하는가 아닌가만이 문제가 되었고, 결국 계속해서 죽어라 달리는 수밖에 없었습니다. 모든 것을 자기 책임으로 받아들이는 개인, 그런 '강한 개인'이 되지 않으면 안 된다는 논리가 퍼져 있었지요.

먹고사는 데 중요한 문제인 일자리를 예로 들어보면 저자의 말을 더 쉽게 이해할 수 있습니다. 많은 사람들이 정규직 사원이 되기를 원합니다. 정규직이 되면 결혼도 할 수 있고 아이도 낳을 수 있습니다. 노후 불안도 적습니다. 그런데 지금 우리 사회에서 정규

직 사원은 점점 줄어들고 있습니다. 최근 통계에 따르면 정규직 일자리는 전체 일자리의 절반 이하입니다. 특히 20대 청년들의 경우엔 더욱 심각합니다. 2017년 2월에 서울연구원이 발표한 자료에 따르면, 18세부터 29세 청년 중 취업 경험이 있는 이들은 78.5퍼센트였습니다. 이 가운데 정규직은 7퍼센트에 불과했습니다. 대부분이 비정규직(70.9퍼센트)이거나 일용직(20퍼센트)이었습니다. 이렇게 볼 때 젊은이 10명이 앉을 수 있는 의자는 1개도 안 되는 셈입니다. 열심히 하면 정규직 사원이 되는 줄에 설 수 있다고 생각해서 모두들 열심히 하고 있지만, 그러는 사이에 의자 개수는 계속 줄어들었습니다. 의자에 앉기가 점점 어려워지고 있는 것입니다.

결국 무조건 열심히 공부만 할 게 아니라 앉을 수 있는 의자가 몇 개인지 신경을 써야 한다고 저자는 강조합니다. "상황이 어떻든 정말 열심히만 하면 괜찮다, 필사적으로 매달려라, 꿈을 가져라"는 말만 믿어도 되는 것인지, 무엇을 위해 열심히 뛰고 있는지조차 모른 채 죽어라 달리고 있는 것은 아닌지 생각해보아야 한다는 것입니다. 의자에 앉지 못하는 사람은 정말 형편없는 사람인지, 또 의자에 앉게 된 사람도 과연 기쁘고 편하기만 한지, 잠깐이라도 멈춰 서서 생각해보자고 말하고 있습니다.

빈곤이란 밑천이 없는 상태

지금의 사회를 의자 뺏기 게임에 비유하면서 빈곤의 문제를 본격적으로 해부한 저자는 어떤 사람일까요? 저자 유아사 마코토湯淺誠는 도쿄대학교 대학원에서 법학, 정치학을 공부하던 중 "이게 다 무슨 의미가 있나?" 하는 생각이 들어 학교를 떠나 빈곤 퇴치 운동에 뛰어든 사람입니다. 지난 2008년 말 도쿄 히비야 공원에 텐트촌을 마련하고 자원봉사자들과 함께 노숙자들에게 숙식을 제공하고 취업 상담을 해주는 '파견 마을'을 운영했습니다. 그리고 '반빈곤 네트워크'라는 단체를 만들어 활동하고 있습니다.

그가 말하는 빈곤은 단순히 돈이 없는 상태가 아닙니다. 빈곤이란 밑천이 없는 상태, 의지할 수 있는 인간관계나 '할 수 있다'는 밝고 적극적인 마음가짐을 갖기 어려운 상태를 말합니다. 밑천이란 사람을 감싸고 있는 울타리와 같다고 말합니다. 사람은 누구나 자기의 밑천에 둘러싸여 살고 있습니다. 돈이 있다면 금전의 밑천이 있는 것이고, 의지할 사람이 주변에 많다면 인간관계의 밑천이 있는 것입니다. '하면 된다', '나는 신뢰를 받고 있다'라고 생각한다면 마음가짐의 밑천이 있다는 뜻입니다.

누구나 똑같은 밑천을 갖고 있는 것은 아닙니다. 이를테면 부자이고 사람 좋고 정 많고 의지가 강한 부모님 밑에 태어난 데다 스스로도 자신만만해서, 언제라도 나는 분명 잘할 수 있다고 생각하는 사람은 돈, 인간관계, 마음가짐의 밑천을 전부 갖추었으니 많은 밑천에 둘러싸여 있는 셈입니다. 반대인 경우도 있습니다. 가난한 집에 사이도 안 좋은 부모님 밑에 태어난 데다 보살핌을 받지 못한 사람은 '아무리 노력해봐야 어차피 나 같은 건 안 될 거야' 하고 미리 포기해버리기 쉽습니다. 그를 감싸줄 밑천이 적기 때문입니다.

명문 대학을 목표로 해도 밑천이 많은 사람과 적은 사람은 목표에 대한 거리가 완전히 다릅니다. 의자 뺏기 게임을 할 때 의자에서 가까운 사람도 있는 반면, 의자에서 멀리 떨어진 사람도 있는 것과 같은 이치입니다. 밑천이 많은 사람에게는 그 목표가 그리 높지 않지만, 밑천이 적은 사람에게는 그 목표라는 것이 엄청나게 높아 보일 수 있는 것입니다. 가수가 되고 싶은 경우에도 마찬가지입니다. 밑천이 많은 사람은 피아노도 배울 수 있고 좋은 악기도 살 수 있습니다. 밴드를 꾸릴 친구들도 금방 찾을 수 있을 것입니다. 하지만 밑천이 적은 사람은 그것들을 다 갖추기가 어렵습니다. 그렇다면 밑천이 적은 사람은 높은 목표 같은 건 쉽게 포기해버리고 자신에게 어울리는 낮은 목표를 가져야 할까요? "안 됩니다. 그건 너무 불공평합니다"라고 모두 대답할 것입니다.

사회가 밑천을 만들어주자

그렇다면 어떻게 해야 불공평을 줄일 수 있을까요? 저자가 말하고자 하는 핵심은 '사회가 대신 밑천이 되어주자'는 것입니다. "당신은 밑천이 적으니까 포기해"라고 말하기 전에 그 사람의 밑천을 더 늘리기 위해 사회가 먼저 고민을 해야 한다고 저자는 강조합니다. 그렇게 하지 않으면 어떤 환경에 태어나 어떤 밑천에 둘러싸여 있는가에 따라 인생이 결정되어버립니다. 그러므로 집에 돈이 없고 인간관계의 덕도 보지 못하는 사람에게는 사회가 밑천이 되어주면 됩니다. 이렇게 하지 않으면 재능을 타고난 사람인데도 밑천이 없다는 이유만으로 평생 그 재능을 꽃피워 보지도 못하고 생을 마칠 수 있습니다.

사회가 밑천을 만들어주는 방법으로 가장 많이 얘기하는 것은 사회 안전망입니다. 밑천이 없어도 교육을 받을 수 있고, 몸이 아플 때 병원에서 치료받을 수 있고, 자기 집에서 안심하고 살 수 있도록 하는 것이 사람이 사회에서 살아가는 데 기본적으로 누려야 할 안전망이지요. 정규직으로 안정적인 일자리를 얻거나 실업을 했을 때에도 살아갈 수 있도록 돕는 것, 노후에도 안심하고 살 수 있도록 하는 것이 그것입니다. 물론 어느 정도까지가 인간다운 삶을 위한 안전선(빈곤선)인지는 그 사회를 살고 있는 사람들의 합의에 달려 있겠지요. 즉, '이 정도면 되겠다' 하는 수준이 어디인지는

* 밑천이 적은 사람도 높은 목표를 추구할 수 있는 사회가 건강한 사회다.

사회 구성원들이 결정할 일이라는 것이지요. 우리가 낮은 수준에서 참고 있으면 그 빈곤선은 낮게 설정되고, 높은 수준을 추구하면 빈곤선이 높게 설정되어 인간다운 삶에 더 가까워질 수 있다는 논리입니다.

누구나 인간다운 삶, 살기 좋은 사회를 꿈꿉니다. 그런 사회를 만들기 위해 가장 먼저 할 일은 바로 '관심'이라고 저자는 말합니다. "무관심은 무시로 이어지고, 관심은 존중으로 연결된다"라는 말이 있듯이, 관심이 없으면 잘 보지 않게 되어 '없는 것'으로 간주되기 쉽기 때문입니다. 관심이 없으면 대개의 경우 그냥 허용됩니다. 반면 관심이 있으면 신경 써서 볼 테니까 괴로움이나 속사정을 잘 알 수 있게 되고 존중하게 됩니다. "네가 중요하게 생각하는 것, 다른 사람들이 소중하게 여기는 것을 지키기 위해서는 입 다물고 가만히 있으면 안 돼. 소리 높여 네 생각을 말해봐, 어서!"라고 저자는 외치고 있습니다.

생각 근육 키우기

1. 이 책에서 저자는 '밑천'이라는 말을 많이 하고 있습니다. 자신의 밑천은 무엇일지 생각해보세요. 육각형을 그린 후 우선 돈, 인간관계, 마음가짐을 미리 항목에 넣어두고 나머지 세 개 항목은 자신이 밑천이라고 여기는 것을 적어봅니다. 예를 들어, 인기, 장래 전망, 외모, 건강, 교육, 자기 시간, 주거 환경, 일, 공부, 꿈 등을 넣어볼 수 있습니다. 각각의 항목에 최고 5점의 점수를 부여한 후 스스로 생각한 6개 항목의 점수를 선으로 이어보세요.

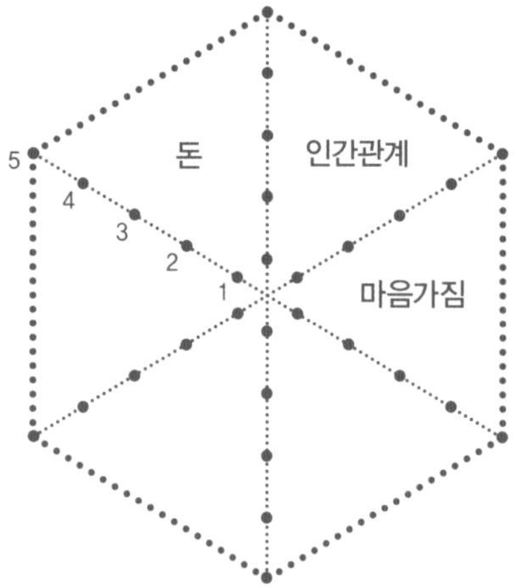

도움말) 6개 항목의 점수를 부여하다 보면 자신의 밑천이 무엇인지 눈으로 확인해볼 수 있습니다. 예를 들어, 중학생인데 돈은 부모님 덕분에 5점, 공부도 5점, 인기도 4점, 인간관계는 3점, 마음가짐은 1점, 장래 전망 1점이라고 했을 경우, 자신의 마음가짐과 장래 전망을 높여야겠다고 다짐해볼 수 있을 것입니다. 마음가짐과 장래 전망이라는 밑천을 높이기 위해 구체적으로 어떤 노력을 해야 할지 생각해보면 좋겠지요.

2. 책 속에서 저자는 빈곤의 이유를 개인의 책임으로 돌리는 '자기 책임론'에 반기를 들고 있습니다. 아래는 사람들이 흔하게 말하는 빈곤의 이유입니다. 이에 대해 자신의 생각을 논리적으로 펼쳐보세요.

• 노력하지 않으니까 빈곤한 거 아니야?

····>

• 그렇게 나약하니까 성공할 수 없는 거야

····>

• 죽을 각오로 덤비면 뭐든 할 수 있지 않을까?

····>

• 나만 고생하다니, 너무 불공평해

····>

• 불쌍하지만 어쩔 수 없잖아

····>

도움말) 먼저 사람들이 그렇게 생각하는 이유를 떠올려보세요. 예를 들어, '나약하니까 성공할 수 없다'는 말은 왜 문제가 있을까요? 아무리 강한 정신력으로 열심히 일해도 빈곤에서 벗어날 수 없다면 그것은 부의 분배가 잘못되었을 수도 있습니다. 또 어떤 사람은 너무 배가 고파서 강한 마음을 먹을 수조차 없는 처지일 수도 있습니다. 나약하다, 헝그리 정신이 부족하다는 말을 하기 전에 그 사람의 처지를 살필 줄 알아야 합니다.

No. 04

친구의 글

여러 조사에 따르면, 우리나라는 국가 경쟁력과 기업하기 좋은 나라에서 상위권을 차지하지만, 삶의 질은 최하위에 속한다고 한다. 삶의 질이란 복지, 평등, 공동체, 안전, 의료의 질, 교육비, 건강, 여가 등 다양한 요소를 고려하여 측정한다. 삶의 질을 높이려면 우선 일자리 문제를 해결해야 한다. 지금 우리나라 대부분의 일자리는 비정규직이다. 정규직과 비정규직은 임금, 휴가, 복지 등 여러 부분에서 격차가 난다. 비정규직 노동자들이 정규직으로 전환되면 여가나 생활 수준이 향상되어 소비가 증가하고 경제가 활성화될 수 있을 것이다. 정규직 전환을 위해서는 법 개정이 필수이다. 기업들이 필수적으로 정규직 채용을 하도록 하고, 비정규직과 차이가 나지 않도록 기본급여 지급 등의 혜택을 주어야 한다. 만약 회사 형편상 정규직 채용이 어렵다면 비정규직의 임금을 올리거나 실질적으로 생활할 수 있을 정도의 임금을 받도록 법을 만들어야 할 것이다.

장년층의 삶의 질이 낮은 이유는 자식 키우기 힘든 구조 때문이다. 그로 인해 출산율도 바닥을 치고 있다. 이를 해결하려면 개인의 능력과 노력이 부족하다고 다그칠 것이 아니라, 사회가 함께 책임을 지려고 해야 한다. 그것은 사회 안전망이다. 아기를 낳아 키우고 싶은 나라가 되려면 국가가 복지 정책과 육아휴직제를 강화해야 할 것이다.

책 속에서 저자가 말했듯이 의자 빼기 게임을 요구하는 지금의 사회 구조에 관심을 가져야 한다. 무조건 공부만 열심히 한다고 해서 의자에 앉을 수 있는 것이 아니다. 스스로 자신의 밑천이 무엇인지 살펴보고 어떻게 하면 밑천을 늘릴 수 있는지도 생각해보아야 한다는 것을 이 책을 통해서 알게 되었다. 또한 빈곤한 사람들을 보는 시각도 많이 달라졌다. 나약하고 게으르다고, 부모 잘못 만난 당신 탓이라고 쉽게 말해서는 안 된다는 것을 알았다. 무엇보다 관심을 가지라는 저자의 말에 깊이 공감한다. 관심이 곧 존중이라는 말을 잊지 말아야겠다.

_김진솔(영등포여자고등학교 2학년)

05

청소년, 세상을 바꾸다

"우리는 불가능이란 단어를 알기에는 너무도 어립니다.
우리의 입으로 불가능이란 단어를 사용해서는 안 됩니다.
이유가 무엇이든 반드시 이 상황에 무언가를 해야 합니다."

『10대, 세상을 디자인하다』

바바라 A. 루이스 지음, 정연진 옮김, 소금창고

작은 실천을 통해 세상을 변화시킨 스물여덟 명의 10대들의 이야기와 사회 참여 방법을 담은 책. 자신의 봉사 활동을 돌이켜보고, 앞으로의 활동 계획에 지침으로 삼을 수 있다.

우리를 기다리고 있는 사회 참여 기회들

경기도 소도시에 살고 있는 주부 김미선 씨는 지역 예산편성회의에 주민 참여 기회가 있다는 말을 듣고 직접 관청에 찾아갔습니다. 그런데 회의에 참석하러 갔더니 해당 공무원이 어떻게 알고 오셨냐고 하더랍니다. 관청에서 만든 홍보지를 보고 왔다고 했더니 지금까지 20년 넘게 공무원 생활을 하는 동안 다른 사람의 권유나 추천 없이 스스로 찾아온 경우는 처음이라면서 놀라워했습니다. 사람들은 바쁜 일상을 살아간다는 이유로 자기가 살고 있는 지역의 1년 예산이 얼마이고 어디에 쓰이고 있는지 자세히 알지 못합니다. 구청이나 동 주민 센터 회의에 참석하거나 관청에서 발행하는 홍보지를 꼼꼼히 읽어보는 사람도 드물 것입니다.

영화 〈화씨 9/11〉, 〈식코〉, 〈다음 침공은 어디?〉 등을 만들어 미국 사회에 큰 반향을 일으킨 마이클 무어Michael Moore 감독은 어려서부터 사회 문제에 관심이 많았습니다. 어머니가 틈만 나면 그를 정치 토론장이나 의회에 데리고 다녔는데, 초등학교 4학년 때 직접 신문을 만들어 친구들에게 나눠주기도 했다지요. 그가 고등학교에 다닐 때 청소년들도 지역 교육위원회에 교육위원으로 참여할 수 있다는 법이 생겼습니다. 마이클 무어는 호기심으로 출마를 했고 최연소 위원으로 당선되었습니다. 당시 무어가 다닌 학교에서는 반인권적인 행위를 일삼는 교감 때문에 문제가 많았는데 무어는 교육위원이 되자 퇴출 운동을 벌였습니다. 결국 그 교감은 학교를 떠나게 되었지요. 무어는 이 경험을 통해 평범한 사람도 사회 참여를 함으로써 세상의 변화에 기여할 수 있다는 것을 깨닫고 다큐멘터리 감독이 됩니다.

『10대, 세상을 디자인하다』는 미국에서 오랫동안 중고등학교 선생님으로 일했던 바바라 A. 루이스Barbara A. Lewis가 쓴 책입니다. 저자는 학생들과 함께 지역 환경 미화와 개선에 힘쓰고, 청소년 범죄와 싸우기도 했으며, 주 의회에 청원하여 지역 법률안을 통과시키기도 했습니다. 저자는 10대 청소년들이 자기가 살고 있는 지역과 나라, 세계에 관심을 갖고 참여하기를 바라는 마음으로 교육을 해왔습니다. 저자는 이 책에서 더 나은 세상을 위해 뛰어든 용기 있는 10대들의 이야기 28가지를 소개하고 있습니다.

책에 나온 청소년들은 처음부터 거창한 마음을 갖고 사회 참여를 한 것은 아닙니다. 어려움에 처한 사람을 돕고 싶다는 아주 단순한 마음에서 출발했습니다. 미국 버지니아 주 애슈번에 사는 잭 헌터Zach Hunter는 우리나라로 치면 중학교 1학년이었을 때 학교에서 노예 해방운동에 대해 배우다가 깜짝 놀랄 만한 말을 들었습니다. 전 세계에는 아직도 노예나 다름없이 살고 있는 사람들이 2,700만 명이나 된다는 것을요. 잭은 당장 도와주어야겠다고 생각하고, 현대판 노예로 살고 있는 사람들을 위해 모금 운동을 해야겠다고 결심합니다. 잭은 사람들에게 집이나 차 안에, 혹은 호주머니 안에

굴러다니는 동전을 기부해달라고 했습니다. 잭의 아이디어는 호응을 얻었고 곧 학교 친구들도 모금에 동참했습니다. 이 일이 많은 사람들에게 알려지면서 미국 곳곳에서 10대들이 1센트, 5센트, 10센트짜리 동전을 모으기 시작했습니다. 잭은 이 운동에 '사슬을 푸는 동전Loose Change to Loosen Chains'이라는 이름을 붙였습니다. 이 운동으로 수천 달러가 모였고, 지금도 계속해서 모금 운동을 하고 있다고 합니다.

잭이 시작한 이 운동은 단순히 모금에만 그치지 않았습니다. 학생들은 자신이 속한 단체의 웹 사이트에 현대판 노예 제도를 없애자고 글을 쓰기 시작했고, 포스터를 제작해서 게시판에 붙이거

나 컵을 만들어 판매한 뒤 기금을 모으기도 했습니다. 이들이 모은 후원금은 아프리카 가나의 아동들이 1년 동안 책과 교복, 가방을 사서 학교에 다닐 수 있도록 하는 데 쓰였고, 가나에서 고기잡이배에 끌려가는 아이를 구하는 비용으로도 쓰였습니다. 또 인도에서 카펫을 만드는 아동 노동을 막는 데도 쓰이고, 강제 성매매에 팔려간 여자아이를 구하는 비용, 이미 노예가 된 청소년을 빼내는 데에도 쓰였습니다.

세상을 바꾸는 28명의 청소년들

주흐라 바흐만Zuhra Bahman은 열일곱 살 때 아프가니스탄을 떠나야 했습니다. 내전을 피해 영국으로 이주한 주흐라는 외국에서 살게 되었지만 늘 마음속으로는 고국 아프가니스탄을 생각했습니다. 주흐라는 특히 학교에 갈 권리가 인정되지 않는 소녀들에게 교육을 받을 기회를 주고 싶었습니다. 소녀들이 교육을 받는다면 지역 사회나 정부, 가족 문제에 더 많이 참여하게 되고, 사회에 많은 영향을 끼칠 수 있을 거라고 믿었기 때문입니다. 탈레반*이 존재하

* 1994년 아프가니스탄 남부에서 결성된 무장 이슬람 단체로 2001년까지 아프가니스탄을 지배했다. 여성의 교육과 취업에 반대하고 극단적인 교리 실천을 주장했다.

던 아프가니스탄에서 이 일은 위험한 생각이기도 했습니다. 그럼에도 주흐라는 먼저 수도 카불에 있는 여자 고등학교에 도서관을 짓는 일을 도왔습니다. 이를 위해 '아프가니스탄 청소년 기금'을 설립하고 도서관이나 청소년 교육 센터 등을 지었습니다.

주흐라가 만든 단체 '아프가니스탄 청소년 기금'은 지금도 아프가니스탄 청소년들을 위한 활동을 하고 있습니다. 전 세계 많은 사람들이 이 단체를 통해 많은 기부를 하고 있습니다. 지난 20여 년 동안 벌어진 전쟁으로 인해 100만 명이 넘는 아프가니스탄 아이들이 부모를 잃고 고아가 되었습니다. 그 아이들 대부분이 교육과 의료 혜택을 받지 못하고 있습니다. 아프가니스탄 어린이들 4명 중 1명은 5세가 되기 전에 죽고, 전체 인구의 50퍼센트 이상이 전혀 교육을 받지 못한 18세 이하의 아동과 청소년들입니다. '아프가니스탄 청소년 기금' 홈페이지에 접속하면 자세한 후원 방법과 행사들이 나와 있는데, 특히 부모를 잃은 고아의 후견인이 되어줄 수도 있습니다.

이렇듯 이 책에 등장하는 세계 각국 28명의 청소년들은 가장 가까운 학교 안에서부터 자신들이 살고 있는 마을이나 도시, 나아가서는 전 세계를 누비며 자신들의 목소리를 내고 있습니다. 지역의 노인이나 아동을 돕는 사회봉사를 하는가 하면, 부당한 사회 문제를 바로잡기 위해 스스로 단체를 만들거나 단체에 가입해 활동합니다. 인권이나 교육, 환경 등 시사 문제에 대해서 자기주장을

* 2001년 탈레반 정권 붕괴 이후 교육권을 되찾은 아프가니스탄 여성들.

말하기도 하고, 심지어는 어린 나이인데도 이주민 학생들을 위한 법안을 통과시키기 위해 청원 운동을 벌이기도 합니다. 어른들의 세계일 것 같은 의회에 참여하는 모습을 보면 놀랍습니다. 이들의 공통점은 모두 작은 일에서 출발했다는 것입니다. 봉사 시설에 방문했거나 세계 난민에 대해 조사하거나 열대 우림 보호를 지지하는 일에 참여하는 등 관심을 갖고 시작하다가 점점 더 열정적으로 참여하게 된 것입니다.

소셜 디자인 4단계

저자는 세상을 긍정적으로 변화시키는 활동에 참여하는 이들을 소셜 디자이너Social designer라고 부릅니다. 사회의 의식, 제도, 관계 등을 바꾸기 위해 밑그림을 그리는 사회 혁신가를 말합니다. 저자가 알려주는 소셜 디자인 4단계에서 1단계는 '나의 관심사를 찾자'입니다. 인권, 빈곤, 건강, 안전, 교육, 환경, 동물, 평화 등 관심 있는 주제를 찾는 것입니다. 2단계는 '관심 주제에 대해 공부하자'입니다. 책이나 신문, 도서관, 웹 서핑, 전문가 인터뷰 등을 통해 알아봅니다. 3단계는 '활동 계획을 세우자'입니다. 봉사 활동도

좋고, 다른 사람의 의견을 지지하는 것도 좋습니다. 아니면 부당한 일에 항의하는 활동을 할 수도 있겠지요. 4단계는 '행동에 옮기자'입니다. 행동에 옮기기 위해 구체적인 목표와 임무, 계획을 짜고, 목표를 이루기 위한 방법, 활동 시간표를 만들며, 누구랑 같이 할지, 어떻게 알릴지도 생각해보아야 합니다.

예를 들어, 전쟁 없는 평화로운 세상을 만들고 싶다면 어떻게 해야 할까요? 저자는 먼저 학교에서 '친구 섞기 행사'를 열어보라고 권합니다. 늘 만나는 친구가 아닌 낯설고 새로운 친구를 만나는 것입니다. 또 '다문화 기념 행사'를 열거나 학교 안에서 불의한 일, 폭력적인 일에 항의하는 글을 홈페이지에 올릴 수도 있습니다. 사회적 약자의 권리를 옹호하는 글을 관청 홈페이지나 국회의원 사무실에 보낼 수도 있겠지요. 그런가 하면 세계 분쟁 지역에 비폭력 메시지를 보낼 수 있고, 평화를 지지하는 티셔츠를 만들어 입장을 알릴 수 있습니다. 평화를 지지하는 행사에 참여하거나 전쟁을 경험한 사람들과 이야기를 나누는 시간을 갖는 것도 평화를 위한 노력이 될 수 있습니다.

생각 근육 키우기

1. 경험을 통해서, 혹은 신문이나 잡지, 텔레비전, 인터넷 등을 통해 시사 문제를 접하면서 지역 사회나 세계 곳곳에서 일어나는 문제에 관심을 가질 수 있습니다. 혹은 친구들과 대화를 나누다가, 동아리나 종교 단체의 행사에 참여하다가 흥미가 끌리는 분야를 발견할 수도 있습니다. 책에 나온 아래 21개 항목에 흥미 점수를 1부터 5까지 매겨서 자신의 관심 분야를 찾아보세요.

항목	점수
① 인권 침해 조사하기	
② 음식 기부 행사 조직하기	
③ 위험한 교차로에 신호등을 설치해달라고 청원하기	
④ 학교에 보낼 기부금 모으기	
⑤ 동물 학대를 반대하는 캠페인 벌이기	
⑥ 학교 운영회에서 봉사하기	
⑦ 전쟁에 반대하는 운동 벌이기	
⑧ 기회 균등을 추구하는 거리 캠페인 시작하기	
⑨ 빈곤에 대한 대중의 인식을 높이는 캠페인 벌이기	
⑩ 암 예방을 위한 모금 운동 준비하기	

⑪ 학교 교육을 받지 못하는 청소년들의 프로필 작성하기	
⑫ 사람들에게 지구 온난화에 대해 알리기	
⑬ 외국에서 학생 대사가 되어 봉사하기	
⑭ 전쟁으로 피폐해진 나라에서 사회 기반 시설을 짓는 일에 자원봉사하기	
⑮ 성별이나 인종에 관계없이 동등한 보수를 받을 수 있도록 관련 단체에 항의 메일 보내기	
⑯ 집 없는 사람들을 위한 보호 시설에서 일하기	
⑰ 음주 운전을 반대하는 캠페인 조직하기	
⑱ 어린이들에게 읽기나 수학을 개인 지도하기	
⑲ 인근 공원을 청소하는 작업반 조직하기	
⑳ 내가 사는 지역의 지방 자치 단체에 청소년지부 설립하기	
㉑ 지역 갈등에 대한 나의 견해를 정리해서 블로그에 글 올리기	

• **흥미 점수가 높게 나온 3가지**

····>

도움말) 21개 항목에 대한 흥미 정도를 1부터 5까지 나눈 후 자신의 점수를 표시해보세요. 그리고 가장 점수가 높게 나온 3개 정도를 골라 묶습니다. 예를 들어 ①, ⑧, ⑮의 흥미 점수가 높으면 누구나 누려야 할 권리에 관심이 많다는 것을 알 수 있습니다. 그런 다음 책에 소개된 28명 중에서 권리 찾기를 위해 일한 청소년 이야기를 읽으면 좋을 것입니다.

2. 이 책은 다양한 분야에 참여하고 있는 청소년들의 경험담과 함께 구체적인 활동 방법과 관련된 단체들도 자세히 안내하고 있습니다. 자신의 흥미 분야를 찾았다면 저자가 제시한 소셜 디자인 4단계에 맞추어 관심 주제 공부하기와 활동 계획 짜기, 행동에 옮기기를 실천해보세요.

····>

도움말) 흥미 분야를 찾았다면 책에 나와 있는 여러 활동 사례를 읽어보고 그 중에서 현실적으로 가능한 것을 골라 한 가지라도 직접 실행에 옮겨보면 어떨까요? 지금 가장 쉽게 할 수 있는 일부터 해보는 것입니다. 예를 들어, 지구 환경에 관심이 있다면 일단 환경 단체에 가입하는 것부터 해볼 수 있습니다. 회원이 되는 것만으로도 단체의 활동에 힘을 실어주는 일이 된답니다.

No. 05

친구의 글

더불어 사는 삶이란 무엇인가? 단순히 남을 도와주고 싶다는 마음을 가지고 사는 것이 더불어 사는 세상일까? 영어로 찾아보면 "The world where everyone loves each other"로 나온다. 모두가 서로를 사랑하는 세상이라는 뜻이다. 그런데 지금의 세계는 어떤가? 아직도 가난한 나라에서는 수많은 사람들이 전쟁, 질병, 서투른 국가 관리, 환경재해 등으로 인해 고통을 겪고 있다. 매일 뉴스들이 이런 사실들을 부지런히 전해준다. 그렇지만 우리는 이런 뉴스들을 관심 있게 보고 뭔가 도움을 주려고 노력하고 있을까? 나는 무엇을 했고, 무엇을 해야 할까?

책에 소개된 열여덟 살의 미히리 틸라카라트네가 기억에 남는다. 미히리는 미국에 살고 있지만 부모님이 스리랑카 출신이어서 스리랑카에 대해 관심이 많았다. 미히리는 스리랑카 구호 단체에서 일하면서 유치원을 운영하는 데 필요한 기금을 모으는 운동과 매우 가난한 지역에 도움을 줄 수 있는 은행을 짓는 일에 참여했다. 또 안경이 필요한 사람들에게 안경을 제공하는 활동에도 참여했다. 2004년 12월, 대규모 해일이 동남아시아 여러 나라를 휩쓸었을 때 미히리는 자신이 다니는 미국의 고등학교에서 성금을 모았다. 그가 모은 2만 5,000달러로 피해를 입은 50가구에 새집을 지어줄 수 있었다. 놀라운 것은 미히리는 하버드 대학을 졸업하고 스리랑카로 가서 마을 살리기 운동을 벌이고 있다는 것이다. 그는 깨끗한 물, 더 많은 교육 기회, 기술 센터 등 공동체에 필요한 여러 가지 일을 하고 있다.

이 책에 나온 10대들은 모두 세계를 좋은 쪽으로 변화시키기 위해 앞장서서 참여했다. 이런 능동적인 사람들이 모이고 모여서 서로 사랑하는 세상을 만든다면 세계의 문제는 사라질 것이다. 남을 돕는 일도 능력일 수 있다. 나도 그런 능력을 갖추고 더불어 살아가는 좋은 세상을 만들기 위해 한발 앞으로 가야겠다.

_이성주(성남중학교 2학년)

06

입장과 입장 사이에서

"아무리 표현의 자유가 중요하다 해도
그것이 다른 사람의 인격에 상처를 주고
명예를 훼손하는 범위까지
무한대로 보장받을 수는 없습니다."

『생각 VS 생각』

전국사회교사모임 지음, 개마고원

사회 선생님들이 뽑은, 청소년이 관심을 가져야 할 우리 사회 주요 논쟁 18가지. 저작권, 기본소득, CCTV 문제 등 첨예하게 부딪히는 논쟁들을 각각의 입장에서 들여다봄으로써 다른 생각에 대한 포용력을 키울 수 있게 한다.

천문학적 수입을 포기한 사람

쿠바 혁명을 이끈 체 게바라Che Guevara는 전 세계에서 그를 모르는 사람이 거의 없을 정도로 유명합니다. 혹시 그의 이름을 모르는 사람이라도 베레모를 쓴 체 게바라의 사진은 한 번쯤 보았을 것입니다. 체 게바라가 이렇게 전 세계에 알려진 까닭은 그의 멋진 외모도 하나의 이유였겠지만, 그의 사진이 자유롭게 유포될 수 있었기 때문입니다.

이 사진의 저작권은 쿠바의 사진작가인 알베르토 코르다Alberto Korda에게 있습니다. 이 사진에 대해 코르다는 지식 재산권을 행사하지 않았습니다. 덕분에 체 게바라의 혁명 정신도 세계 곳곳으로 퍼져 나갔습니다. 그런 코르다가 딱 한 번 지식 재산권을 행사한 적이 있습니다. 러시아의 한 주류 회사가 체 게바라의 이미지를 광고에 사용했을 때입니다. 혁명 정신이 상업적으로 이용되는 것을 반대한 코르다는 지식 재산권 침해로 손해 배상 소송을 제기했습니다. 결국 그는 거액의 손해 배상을 받아냈고, 쿠바의 한 의료 기관에 전액 기부했습니다.

체 게바라 못지않게 유명한 사람이 있습니다. 마이크로소프트 사를 만든 빌 게이츠Bill Gates입니다. 사람들은 컴퓨터를 살 때 그가 만든 윈도우 프로그램을 설치합니다. 물론 저작권료를 지불합니다. 이 덕분에 빌 게이츠는 한때 미국 최고의 부자가 될 정도로 많

* 혁명과 자유의 아이콘이 된 체 게바라.
바로 이 사진을 찍은 알베르토 코르다가 저작권을 공유한 덕분이다.

은 돈을 벌었습니다. 그런데 공짜로 얻을 수 있는 소프트웨어 제품이 있습니다. 리눅스 프로그램입니다. 리눅스는 핀란드의 프로그래머 리누스 토르발스Linus Torvalds가 만들었습니다. 리누스는 처음부터 프로그램의 설계도라고 할 수 있는 소스 코드를 공개했습니다. 그래서 누구나 그 소스 코드를 활용해 프로그램을 수정하거나 그 프로그램을 기반으로 한 새로운 프로그램을 만들 수 있습니다. 여러 사람들이 프로그램의 문제점을 지적하고 새로운 아이디어를 낼 수 있기 때문에 윈도우보다 기능면에서 더 낫다는 평가를 받고 있다고 합니다. 그래서 리눅스는 일반인보다 오히려 프로그램 전문가들이 많이 사용할 정도로 신뢰도가 높습니다. 리눅스를 이용하여 만든 프로그램은 판매할 수는 있으나 그 이익을 한 사람이 가지는 것이 아니라 새로운 소프트웨어를 제작하는 기금으로 사용됩니다. 리눅스가 무료이고 기능도 우수하다는 평가를 받는데도 윈도우를 사용하는 사람이 많은 이유는 윈도우가 다른 프로그램과 연계해서 사용하기 편하다는 생각 때문입니다.

리눅스와 같이 소프트웨어와 저작물을 자유롭게 공유하자고 주장한 사람이 미국의 리처드 스톨먼Richard Stallman입니다. MIT 출신인 리처드 스톨먼은 1990년대 '자유 소프트웨어 재단'이란 단체를 설립했습니다. 그는 각 국가에서 저작권을 설정하면 사용자들 간의 협력을 가로막을 수 있다고 지적하고, 자유롭게 저작물을 공유할 수 있어야 지적 생산물이 풍성해진다고 주장합니다. 이런 신

• GNU의 로고.
GNU는 리처드 스톨먼이 무료로 개발, 배포하는 컴퓨터 운영 체제이자 소프트웨어 모음집이다.

념으로 그는 소프트웨어 개발을 통해 천문학적인 돈을 벌 수도 있었지만 그렇게 하지 않았지요.

카피라이트와 카피레프트

이번에 소개할 책 『생각 VS 생각』은 전국사회교사모임 소속 선생님 여덟 분이 쓴 책입니다. 사회에서 논쟁이 되고 있는 사안들에 대한 찬반 의견과 입장을 소개하고, 그 대안까지 제시하고 있습니다. 예를 들어, 이주민 정책을 동화주의•와 다문화주의 입장에

• 다른 문화권에서 온 사람들이 문화 적응을 거쳐 현지 문화에 동화됨으로써 사회 통합을 이루도록 하는 정책이나 사상.

서 살펴보거나, CCTV를 보호냐 감시냐 하는 측면에서 알아보고, 명품 소비를 과시 소비와 가치 소비로 나누어 살펴보는 것입니다. 또 부자 증세, 비정규직 양산, 청소년 선거권, 교사의 정치 활동 금지, 기본소득 등 다양한 사회 문제에 대해 유용한 정보와 근거 자료를 통해 생각거리를 제공하고 있습니다. 책에 나온 여러 논쟁거리 가운데 앞에서 말한 저작권 보호 논쟁에 대해 자세히 알아보겠습니다.

저작권 보호 논쟁을 흔히 카피라이트와 카피레프트의 대립으로 이야기합니다. 카피라이트Copy right는 '저작권'이라는 말입니다. 카피Copy와 권리Right가 합쳐진 말로 '복제할 권리'라는 뜻입니다. 내가 그린 그림이나 음악을 복제해서 다른 사람에게 줄 권리는 나한테 있다는 것입니다. 지식 재산권의 일종이지요. 자신의 지식과 창조력으로 만들어낸 재산이기 때문입니다. 카피레프트Copy left는 카피라이트에 대응하여 나온 용어입니다. 카피라이트의 라이트Right를 '권리'가 아닌 '오른쪽'으로 비틀어 해석하여 '오른쪽에 반대하는 입장'이라고 하여 만들어진 용어입니다.

그러니까 카피라이트는 저작권을 지키자는 입장이고, 카피레프트는 지식과 정보를 공유하자는 입장입니다. 카피라이트 입장에서 볼 때 카피레프트 운동은 지식 재산권에 대한 침탈을 정당화하는 행위라고 보는 것이고, 카피레프트 측에서는 지식과 정보의 자유로운 유통과 사용, 확산이야말로 문화를 더 발전시키는 창작의 바탕이 될 수 있다고 주장합니다. 앞에서 말한 빌 게이츠와 리처드 스톨먼이 각각 카피라이트와 카피레프트의 대표적 인물이라고 할 수 있습니다.

오늘날 대부분의 국가는 법률을 통해 저작권을 보호하고 있습니다. 창작물을 만들어낸 노동에 대한 대가를 주기 위해서이지요. 정신적인 노동으로 창조된 것 역시 육체적인 노동으로 창조한 것과 마찬가지로 창작자의 소유라고 인정하는 것입니다. 하지만 오늘날 복제가 쉬워지면서 공공연하게 저작권을 무시하는 일이 벌어지고 있습니다. 저작권을 인정해야 하는 이유는 지식과 정보를 독점하겠다는 것이 아니라 창작자에게 제대로 된 보상을 하기 위해서입니다. 창작물의 경제적 가치를 인정하지 않으면 창작자의 의욕이 감퇴되어 창작물의 질이 떨어질 수 있겠지요. 음반 복제는 물론 불법 만화 복제로 인한 문제가 그런 예입니다.

한글 문서를 작성할 때 널리 사용하는 '아래아한글'도 사람들이 불법 복제를 통해 공짜로 사용하는 바람에 여러 차례 부도 위기를 겪었습니다. 여러 사람들의 힘으로 지켜냈지만 회사가 더 이상 성장하지 못했습니다. 만약 불법으로 복제하지 않고 정당한 돈을 지불했다면 지금쯤 마이크로소프트 사에 못지않은 세계적인 소프트웨어 개발 업체로 성장했을지도 모릅니다. 결국 카피라이트를 지지하는 입장에서는 새로운 아이디어를 보유한 사람, 창작 의지가 높은 사람, 지식 생산자를 우대해주어야 그 나라의 경쟁력이 높아질 수 있다고 주장합니다. 저작권 보호가 가치 있는 기술의 발전을 촉진한다는 것이지요.

저작권을 보호하면서 창조적으로 공유할 수는 없을까?

이번에는 그 반대쪽 입장인 카피레프트 의견을 알아볼까요? 이들은 앞에서 말한 리눅스 프로그램의 예에서처럼 저작권 독점을 깨야 창조가 활발해진다고 강조합니다. 일반적인 오해와 달리 카피레프트는 창작자의 권리를 무시하는 게 아닙니다. 이들은 정보 공유를 추구하지만 출처를 밝히거나 저작자를 정확히 명시하자고 말합니다. 다만 이들은 자본에 의한 저작권의 독점을 반대하는 것입니다. 이들은 저작권 보호가 오히려 독점으로 변질되어버렸다고 말합니다. 특정인의 이익만을 챙기거나 강화하는 쪽으로 바뀌었다는 것이지요. 대표적인 저작권 독점의 문제로 비싼 의약품 사례가 있습니다. 다국적 제약 회사들은 에이즈나 백혈병 치료약들을 비싼 값에 팔면서 저작권 보호를 주장하여 복제를 막고 있습니다. 그러다 보니 가난한 나라 사람들은 약값이 없어 치료를 못 받기도 합니다. 이렇듯 저작권을 지나치게 강조하다 보면 생명의 가치가 무시되거나 정보의 격차를 낳을 수 있다는 게 이들의 주장입니다.

그렇다면 두 입장을 다 존중하여 창작자를 보호하고 발전을 이

• 크리에이티브 커먼즈 라이선스. 창작자가 자신의 창작물에 대해 일정 조건을 지키면 얼마든지 이용해도 좋다는 내용을 표시한 기호다.

룰 수 있는 방법은 없을까요? 이 책의 저자는 두 입장의 공존을 위한 대책으로 국가의 역할을 강조합니다. 국가가 복지 제도나 기금 운영을 통해 창작자들에게 안정적인 생활 기반을 마련해주는 것도 제안합니다. 예를 들어, 공공 도서관이 책을 구입할 때 정가의 100배 가격으로 구입한다면 지식의 공공성도 확보하면서 저자들의 생활 안정에도 도움이 될 수 있다고 말합니다. 또 공공 도서관에서 시민들이 책을 대여하는 만큼 저자에게 저작권료를 지급하는 제도를 도입해보는 것도 대안이 될 수 있습니다. 이렇게 하면 일부 성공한 소수의 창작자와 기업에만 막대한 부를 안겨주는 지금의 저작권 제도가 없어질지도 모릅니다. 저자들이 말한 대로 어떤 방식으로든 사람들이 쉽게 접근하여 정보를 얻을 수 있게 하면서도 창작자에게도 적절한 대가가 주어지는 방법을 고민해보아야겠습니다.

생각 근육 키우기

1. 카피레프트의 창시자 리처드 스톨먼은 이런 제안을 했습니다. 음악 플레이어에 버튼을 만들어 누구든지 음악을 듣고 기부를 할 수 있게 하자는 것이지요. 버튼을 누르면 기부금은 음악 저작권자에게 돌아갈 것입니다. 한 사람이 1년에 1달러 정도만 기부해도 저작권자에게는 많은 혜택이 돌아갈 수 있다는 것입니다. 그런가 하면 세계적인 록 밴드 라디오헤드는 음반을 내면서 음원 다운로드 가격을 소비자에게 맡기는 시도를 했습니다. 사람들은 자신이 지불하고 싶은 가격에, 심지어 무료로도 다운받을 수 있었습니다. 이런 시도에 대해 어떻게 생각하나요? 또 저작권을 보호하면서도 많은 사람들이 공유할 수 있는 방법이 없을지 한번 찾아보세요.

····>

도움말) 현재 소비자들은 좋아하는 가수의 음악을 듣고 싶을 때 한 곡당 몇 백 원의 돈을 음원 유통 회사에 지불하고 있습니다. 하지만 소비자가 낸 돈 모두가 저작권자에게 돌아가는 것은 아닙니다. 이런 구조 속에서 정작 저작권자는 제대로 대가를 받지 못할 수 있지요. 이를 개선하기 위한 방법을 생각해보세요.

2. 일부 다국적 제약 회사들이 값비싼 가격에 약을 독점 판매하는 것은 저작권을 보호하려고 했던 원래의 의도가 변질된 것이라고 저자들은 주장합니다. 그런가 하면 저작권 보호도 유형인가 무형인가에 따라 다르게 적용해야 함도 지적합니다. 의자나 그림, 도자기 등에 대한 저작권은 시간과 노력과 재료가 개수에 비례하여 들어갑니다. 하지만 음반의 경우는 다릅니다. 한 곡을 만들면 MP3 파일을 통해 수백 수천 명에게 동시에 보낼 수 있고, 시간과 노력이 드는 것도 아닙니다. 그런데도 가격은 100명에게 팔 때나 1만 명에게 팔 때나 같습니다. 따라서 어떤 형태의 저작물인지에 따라 다른 방법을 적용해야 한다는 지적을 하는 것입니다. 저작권의 형태에 따라 어떻게 법을 적용하면 좋을지 의견을 말해보세요.

····>

도움말) 한편, 저작권을 보호하고 상품의 희소성을 유지하는 데 드는 사회적 비용도 만만치 않게 듭니다. 복제를 막는 기술을 만드는 데 비용이 들고, 복제자를 찾는데도 인력이 소용되지요. 더구나 오늘날 인터넷을 통한 공유 속도가 워낙 빨라서 저작권을 유지하는 것이 매우 힘든 상황입니다. 이런 이유 때문에 다른 방법으로 창작물에 대한 대가를 지불하는 게 낫다는 의견이 많은 것입니다.

No. 06

친 구 의 글

길거리, 지하철, 학교를 비롯한 여러 장소에서 어렵지 않게 CCTV를 찾아볼 수 있다. 어느 샌가 우리는 CCTV가 우리의 안전을 위해 꼭 필요한 시설이라고 믿으며 살고 있다. 공공장소에 설치된 카메라 덕분에 범죄가 예방되고 범죄자를 빨리 찾을 수 있다고 생각하기 때문이다. 어쩌면 너무 당연하다고 생각하다 보니 의식조차 하지 못하고 살고 있는지도 모른다. 그렇지만 과연 이런 CCTV가 우리 사회에서 무조건 필요하고 안전한 장치라고 할 수 있을까?

CCTV는 주로 여러 범죄의 해결책이 되어왔으나, 한편으론 죄를 저지르지 않는 시민들을 감시하고 있는 용도가 되기도 한다. 이 책에 나왔듯이 세월호 희생자 추모 집회에 참여했던 시민들의 얼굴을 경찰이 CCTV를 통해 감시한 일이 있었다. 뿐만 아니라 몇몇 회사에선 CCTV를 이용해 회사 직원들이 일하는 모습을 지켜보기도 했다. 시민사회단체의 추정 결과 현재 우리나라에선 1대의 CCTV가 약 14명의 시민을 감시하고 있다고 한다. 누군가 내 얼굴과 사생활을 지켜보고 있다는 생각을 하면 자유롭게 행동할 수 없게 된다. 이는 시민들의 자유와 사생활을 침해하는 인권 문제이다. 많은 곳에 설치된 CCTV들은 시민들의 인권을 침해하는 장치라고도 할 수 있는 것이다.

책에 나온 '감시의 내면화'라는 말이 기억에 남는다. 죄수가 감시

탑에 교도관이 있건 없건 알아서 조심하게 되듯이, 사람들도 처음엔 CCTV를 의식하지만 점차 감시에 익숙해진다는 의미이다. 그러니까 우리의 뇌가 늘 카메라가 있는 것처럼 조심하고 두려워한다는 뜻이다. 그렇다면 우리는 CCTV를 어느 정도까지 허용해야 할까? 범죄로부터 보호해주는 안전 장치로 보느냐, 통제하는 감시 장치로 보느냐에 따라 생각이 달라질 것이다. 그동안 당연하게 생각하고만 있던 CCTV에 대해 더 고민해봐야겠다.

_우지은(대방중학교 3학년)

07

불가능하지 않은, 이익과 협동의 조화

"우리는 지금, 이제까지 우리가
살아온 방식과 우리가 만들어 온 세상을
뿌리에서부터 되돌아보고 새로운 돌파구를
찾아야 할 시점에 서 있습니다."

『내 이름은 공동체입니다』

장성익 지음, 신병근 그림, 풀빛

경쟁 사회에 지친 사람들이 찾은 대안, 공동체를 균형 잡힌 시각으로 분석하는 책. 마을 공동체, 협동조합을 중심으로 성공 사례, 편견과 오해, 청소년이 실천할 수 있는 공동체 활동을 살펴본다.

우정과 연대의 행복

아메리카 원주민의 마을 학교에 새로 부임한 선생님이 겪은 일입니다. 어느 날 시험을 치를 시간이 되었습니다. 선생님은 아이들에게 옆 사람과 간격을 만들고 칸막이를 세우게 했습니다. 그리고 시험지를 나누어주었지요. 그런데 시험지를 받은 아이들이 서로 둥글게 모여 앉는 것입니다. 선생님이 놀라서 물었습니다. "너희들 무엇을 하는 거야?" 그러자 아이들이 대답했습니다. "선생님, 우리는 어려운 문제를 만나면 머리를 맞대고 서로 도우라고 배웠거든요."

우리는 어려서부터 개인의 능력과 재능을 키워서 성공해야 한다는 이야기를 듣습니다. 그러다 보니 서로 돕고 협력하기보다 경쟁에서 이겨야 살아남는다는 생각에 익숙해져 있습니다. 시험 시간이 아니어도 혹시나 옆 친구가 자기 노트나 작품을 보고 따라 하는 건 아닌지 민감하게 반응합니다. 친구가 자기보다 더 잘해서 높은 점수를 받으면 상대적으로 손해를 본다는 생각 때문이겠지요. 이러다 보니 수업 정리 노트 공개를 학생회장 선거의 공약으로 내거는 일도 있다고 합니다.

어려움에 처했을 때 서로 돕는 방법을 몰라도 살아가는 데 지장이 없을까요? 지난 2003년 10월 대서양에서 발생한 대형 허리케인이 캐나다 동쪽 끝에 있는 핼리팩스라는 도시를 강타한 적이 있

2003년 허리케인이 지나가며 쑥대밭이 된 핼리팩스의 퍼블릭가든 앞으로 사람들이 모여들고 있다.

습니다. 한순간에 도시는 쑥대밭이 되어버렸습니다. 전기도 끊기고 가게들도 모두 문을 닫았습니다. 하지만 전쟁터나 다름없는 곳에서도 사람들은 자기만 살겠다고 이기적으로 행동하지 않았습니다. 오히려 밖으로 나와 서로 이야기 나누고 위로와 격려의 안부 인사를 건넸습니다. 즉석에서 급식소를 만들고 노인과 아이들을 보살폈습니다. 그들은 이전에는 서로 모르는 사람들이었습니다. 그럼에도 재난이 닥치자 새롭게 우정과 연대의 관계를 맺으며 문제를 해결해나갔습니다. "길거리 파티는 아니었지만 모두 동시에

밖에 나와 있었어요. 서로 모르는 사이인데도 서로를 보며 행복감을 느꼈죠." 나중에 사람들이 한 말입니다.

어떤 공동체가 좋은 공동체일까?

비슷한 재난이 2005년 8월 미국 남부 멕시코만 연안 도시 뉴올리언스에서 일어났습니다. 초대형 허리케인 카트리나가 들이닥쳐 제방이 무너지면서 도시의 80퍼센트가 물에 잠겼고, 한순간에 도시 전체가 폐허로 변해버렸지요. 그 결과, 사망자와 실종자가 무려 2,500명에 이르렀고 재난을 피해 집을 떠난 사람은 100만 명이 넘었습니다. 그런데 이 도시에서는 핼리팩스와 달리 약탈과 폭력, 살인과 파괴 행위가 난무했습니다. 당시 많은 언론에서는 이것을 도시 인구의 대부분을 차지하는 흑인들이 저지른 것으로 몰아갔습니다. 하지만 이것은 일부 사실이기도 했으나 어느 정도는 과장이자 헛소문이었습니다. 사실은 도시에 투입된 경찰이나 군인, 그리고 백인들이 조직한 단체가 흑인들을 범죄자로 몰아붙이면서 살인과 약탈을 저지른 경우도 적지 않았습니다.

1977년 7월의 어느 밤 미국 뉴욕 시에서 인근 발전소에 벼락이 떨어지는 바람에 전기가 끊기는 정전 사고가 났을 때도 비슷한 일이 벌어졌습니다. 당시 25시간 동안 뉴욕 시 전역에 전기가 끊겼습니다. 그 암흑 속에서 밤새 뉴욕 시내 상점 1,700여 곳이 약탈당했고 곳곳에서 화재 사고가 났습니다. 하룻밤 사이에 경찰에 체포된 사람만 3,000명이 넘었습니다.

재난 상황에서 핼리팩스와 다른 두 지역 사람들이 보여준 모습이 무척 다르지요? 『내 이름은 공동체입니다』에서 저자는 다행히도 뉴올리언스 또는 뉴욕과 같은 경우는 매우 드물다고 합니다. 핼리팩스 사람들처럼 재난이 일어났을 때 기꺼이 낯선 타인에게 물과 음식과 구호 물품을 전해주고, 위험한 곳에 고립된 사람들을 구하러 가고, 자기 집을 숙소로 제공하며, 재건과 복구 활동에 자원봉사자로 참여하는 사람들이 더 많습니다. 바로 이런 모습이 공동체의 모습이지요.

우리나라는 어떨까요? 경제협력개발기구OECD에 따르면, 우리나라는 OECD 회원국과 브라질, 러시아, 남아프리카를 포함한 38개국 중 공동체지수가 가장 낮은 38위를 기록했다고 합니다. 공동체지수란 공동체생활로 얼마나 위안과 만족을 얻고 자기 정체성을 높이는 데 도움을 받았는지를 수치로 나타낸 것입니다. 우리나라의 공동체지수는 상당히 낮다는 것이지요.

전문가들은 우리나라의 공동체지수가 낮은 것은 급격한 경제성장과 근대화 과정에서 공동체가 빠른 속도로 무너져버렸기 때문이라고 진단합니다. 사람은 물론 산업과 돈, 권력, 문화 등이 도시로 집중되면서 오랜 세월 공동체의 토대였던 농촌 사회는 무너질 수밖에 없었습니다. 그 와중에 인간관계가 형식적이 되고, 개인과 사회의 연결 고리가 약해져버렸습니다. 더 많은 소유와 소비가 지상 목표가 되면서 대다수 사람들은 자기 행복과 사적인 이익, 곧 개인의 문제에만 몰두하게 되었고요. 개인의 권리와 자유를 보장하는 '개인의 시대'가 활짝 열린 줄 알았는데, 알고 보니 그것은 살벌하고 냉혹한 '자본의 시대'였습니다. 결국 참된 개인의 삶도 없고 공동체도 무너져버린 것입니다. 정치에 대한 냉소와 무관심, 독거노인의 급증, 고독사 등이 이런 현실을 여실히 보여주고 있습니다.

공동체의 오늘과 내일, 마을 공동체와 협동조합

이 책에서 말하는 공동체란 흔히 생각하는 옛 마을과 일치하지는 않습니다. 전통 사회에서의 공동체도 장점과 미덕은 있었지만 부정적인 측면도 적지 않았습니다. 철저한 신분 제도하에서 억압과 차별이 벌어졌고 개인의 다양성과 개성을 꽃피우기 힘든 구조였습니다. 그런 면에서 저자는 마을과 마을 공동체는 다르다고 말합니다. 진정한 마을 공동체는 사람들이 친밀한 인간관계를 맺고서 살아가는 곳입니다. 구성원들이 공동의 필요와 욕구에 따라 공동의 목적과 가치를 공유하면서 함께 의도적으로 만들어가는 것이 마을 공동체인 것이지요.

저자는 대표적인 마을 공동체로 1994년에 시작한 서울 마포구 '성미산 마을'과 서울 강북구 우이동 북한산 자락에 자리 잡은 '삼각산 재미난 마을'을 소개하고 있습니다. 둘 다 공동육아 협동조합으로 시작하여 대안 학교도 만들어 운영하고, 나중에는 사회적 기업과 지역 문화 활동으로 확장되었습니다. 작은 도서관도 만들고 밴드와 극단도 만들었습니다. 교육, 생활, 문화 공동체로 발전한 것입니다. 이 밖에 이미 1958년에 문을 열어 마을 공동체의 모델이 된 '풀무학교'를 비롯하여 에너지 자립을 실천하고 있는 서울 동작구의 '성대골 마을학교'와 전북 부안의 '등용 마을' 등도 자세히 소개하고 있습니다.

마을 공동체에 이어 요즘 활발하게 만들어지고 있는 협동조합도 새로운 공동체 운동입니다. 협동조합 운동은 경제적 이윤만을 추구해온 자본주의의 문제점에 맞서 주로 일자리 창출과 빈곤 해결, 환경 보호 등을 목표로 움직이고 있습니다. 저자에 따르면 전 세계에서 협동조합에 가입한 사람은 10억 명에 이른다고 합니다. 전 세계 인구 중 14퍼센트에 해당하는 셈이지요. 대표적인 사례로 스페인 몬드라곤 협동조합 그룹과 이탈리아 북부 에밀리아로마냐, 캐나다 퀘벡 시, 인도의 리자트 등이 있습니다. 우리나라에도 다양한 형태의 협동조합이 있는데, 청소년들이 주축이 되어 학교 매점 협동조합을 운영하고 있는 경우도 있지요.

책의 마지막 부분에서 저자는 마을 공동체와 협동조합의 발전에 걸림돌이 되는 것과 해결책에 대해 말하고 있습니다. 서로 다른 생각을 가진 사람들이 모여 사는 마을 공동체에 문제가 없을 리 없습니다. 사회적 가치와 경제적 가치라는 두 마리 토끼를 잡아야 하는 협동조합 역시 난관이 많습니다. 그래도 세상을 바꾸고 삶을 변화시키는 데 가장 유력한 길은 공동체라는 것, 여러 가지 문제와 한계가 있지만 소통과 연대로 문제를 풀어가야 한다는 것을 저자는 강조하고 있습니다.

생각 근육 키우기

1. 영국의 대법관이었던 토머스 모어는 『유토피아』라는 책에서 이상적인 국가의 모습을 그리고 있습니다. 아래 글은 『유토피아』에 나온 내용을 간단히 정리한 것입니다. 토머스 모어가 바라는 이상적인 국가는 과연 현실에서 가능할까요? 가능하다면 어떻게 현실화할 수 있을지 생각해보고, 자신이 바라는 이상적인 국가는 어떤 모습인지도 상상해보세요.

토마스 모어는 이상 사회의 조건으로 우선, 민주적인 지도자 선출과 지방자치제도를 제안했다. 유토피아의 각 도시에서는 민주적인 선거로 관료를 뽑는 지방자치를 실시한다. 매년 한 번씩 각 도시의 관리 중 세 사람의 대표를 뽑아 그들을 수도에 보내 나라 전체에 관한 중요한 문제들을 토론하고 결정하도록 한다.
모어는 다음으로, 자급자족하는 농업 중심의 경제 체제와 공유 재산 제도를 주장했다. 유토피아는 모든 인간이 평등하며 누구나 예외 없이 노동에 종사하면서 먹고사는 문제로 시달리지 않는 자급자족의 공유제 사회이다. 하루 6시간 일하고 8시간 자며, 나머지 시간은 각자의 취미에 따라 여가 시간을 즐긴다. 이곳에서는 소수의 학자를 제외하고 남녀노소를 불문한 모두가 생산적인 노동에 참여하고 검소하게 살아가기 때문에 하루 6시간만 일해도 물자가 남아돈다.
셋째, 공동 식당 및 무료 의료 시설 등을 갖춘 복지 제도를 실시한다. 유토피아의 각 도시에는 커다란 병원이 4개씩 있고 누구든 병이

들면 무료로 치료받을 수 있다. 식사는 공동 식당에서 함께 하며 가정에 필요한 생활 필수품은 무료로 받는다. 따라서 화폐가 전혀 필요 없고 모든 재물을 공동으로 보관하고 사용한다.

넷째, 근면과 검소는 물론이고 정신적 쾌락을 중시하는 도덕주의를 제시한다. 유토피아의 사람들은 착한 일을 한 사람은 내세에 상을 받고 악한 일을 하는 사람은 벌을 받는다고 믿는다. 인간은 즐겁게 살아야 한다고 믿지만 진정한 쾌락은 올바른 덕성과 양심을 지켜나가는 것이라고 생각한다.

····>

도움말) 토머스 모어의 『유토피아』에서 말하는 민주 제도, 복지 제도, 공유 재산 제도, 도덕주의는 우리 인류가 그동안 이상 사회를 실현하기 위해 노력해온 공동의 가치들입니다. 토머스 모어의 상상이 어느 정도까지 실현되었는지, 실현되려면 무엇이 필요할지 생각해보세요.

2. 전 세계 사람 7명 가운데 1명은 협동조합에 참여하고 있습니다. 협동조합은 기업이긴 한데 일반적으로 흔히 보는 기업과는 목적, 운영 원리, 형태가 다릅니다. 일반 기업과 어떤 점이 다른지 알아보고, 다양한 형태의 협동조합들을 찾아보세요. 또 협동조합이 잘 운영되려면 어떤 노력이 필요한지 생각해보세요.

····>

도움말) 일반 기업은 이윤 추구를 가장 큰 목적으로 삼지만 협동조합은 모두가 더불어 행복해지는 것을 중요하게 여깁니다. 또 일반 기업은 주로 주식회사 형태로 '주주'라고 부르는 사람들이 '회장', '사장'으로 불리는 최고 경영자가 되어 주인 노릇을 하는 체제이지요. 하지만 협동조합은 조합원 모두가 똑같은 자격과 권리를 가지고 경영에 참여합니다. 중요한 의사 결정을 할 때 모든 조합원이 똑같이 한 표씩 권리를 행사합니다. 협동조합은 연대를 통해 서로 돕는다는 좋은 취지를 갖고 있지만 경제적 이익을 얻으면서도 좋은 가치를 실현하기가 쉽지 않습니다. 조합원들 간의 민주적 합의와 책임감이 매우 중요합니다. 어려서부터 일상 안에서 토론과 합의를 하는 경험을 많이 해보고, 동아리를 만들어 여럿이 함께 문제를 풀어가는 경험을 해보는 것이 좋겠지요.

No. 07

친구의 글

이 책은 현대 사회에 공동체가 필요한 이유를 알려주고 있다. 사람은 흔히 사회적 동물이라고 불린다. 서로 어울려 살아가는 존재이다. 그래서 이 책의 저자는 사람은 '공동체적 존재'라고 말하고 있다. 맞다. 사람은 더불어 사는 존재이다. 하지만 현대 사회에서는 공동체가 무너지고 있다. 돈을 중심으로 생각하는 자본주의가 퍼져 나가면서 공동체 사회가 사라져갔다. 사람들은 행복보다는 경쟁에 시달리고 있다. 인간의 욕망은 끝이 없고 경쟁도 끝이 없으므로 서로 경쟁하다 결국에는 자신들이 망가지는 끝없는 싸움으로 치닫고 있는 것이다.

이 책은 우리들이 진정한 행복을 만나고 영위하기 위해 이제는 대안과 돌파구가 필요하다고 말하고 있다. 그 대안으로 저자는 마을 공동체와 협동조합을 말하고 있다. 마을 공동체는 더불어 사는 삶, 행복하고 편안한 삶을 추구하며, 협동조합이란 조합원들이 함께 회사를 만들어 운영하고 이윤을 똑같이 나누는 것이다. 협동조합은 회사에서부터 카페, 식당, 반찬 가게, 문화 센터, 목공소, 도서관, 생활 협동조합, 어린이집, 공부방, 대안 학교, 마을버스 회사, 카센터, 지역 신문사, 병원, 독서실, 농산물 직매장, 작은 공장, 연구소 등 정말 다양하다. 책을 통해서 많은 사람들이 여러 마을 공동체와 협동조합을 만들어 실천하고 있음을 알게 되었고, 이것을 보면서 우리 사회가 희망이 있는 사회라는 생각이 들었다.

이제 중3이 된 나는 진로를 생각하면서 졸업 후 대기업에 취직하여 돈을 잘 벌려는 생각만을 가지고 있었다. 이 책을 읽고 자본주의 기업의 경쟁보다는 서로를 위하는 여러 가지 공동체의 필요성을 알게 되었고, 나만의 이익을 추구하는 사람이 아니라 공동체를 위한 일을 하는 사람이 되어 살아가야겠다고 생각했다.

_김민규(과천중학교 3학년)

08

실망과 희망 사이에 선 통일

"정치가 우리를 규정하는 것이 아니라,
우리가 정치를 만들어 가는 것이다.
남북 간의 작은 만남에서도
늘 이런 마음가짐이 필요하다."

『그래도 우린 다시 만나야 한다』

이성원 지음, 꿈결

30년 차 통일부 공무원으로 수십 차례 북한을 오가며 주요 대북 사업의 현장에 있었던 저자의 경험을 엮은 책. 사람과 사람 사이에 꽃피는 우정과 연민을 통해 남북 교류와 통일에 대한 올바른 인식을 갖게 해주는 통일 교양서.

희미해지는 통일의 꿈

새로운 천 년이 시작되던 2000년 6월 13일 남북한 정상이 만났습니다. 분단 이후 55년 만에 이루어진 회담이었습니다. 이날 회담에서 두 정상은 평화적인 통일을 위해 노력하자고 선언했지요. 사람들은 평화 회담을 지켜보면서 '아, 이제 통일이 멀지 않았겠다' 하고 통일을 눈앞에 그려보곤 했습니다. 그렇게 희망을 품었던 6·15남북공동선언도 어느덧 18주년을 맞았지만, 그동안 희망은 실망으로 바뀌고 말았습니다. 사람들 마음속에서 통일에 대한 꿈은 더 멀어진 듯 보입니다. 심지어 통일을 굳이 해야 하냐고 말하는 사람도 많아졌습니다. 더 심각한 것은 통일에 대해 관심조차 없는 이도 많다는 것입니다. 그러다 보니 우리나라 정부 부처에 통일부가 있다는 사실을 모르는 청소년이 꽤 많습니다.

2014년에 흥사단 민족통일운동본부의 설문 조사 결과에 따르면 반드시 통일을 해야 한다고 답한 대학생은 17.2퍼센트였고, 통일이 되었으면 좋겠다는 의견은 44.3퍼센트였습니다. 통일이 안 되어도 괜찮다고 답한 사람도 27.8퍼센트였습니다. 다른 기관에서 발표한 자료들을 보아도 결과는 비슷합니다. 예전에 비해 통일을 반드시 해야 한다고 답한 사람은 줄어들고, 대신 통일을 안 했으면 좋겠다고 답한 사람들은 늘고 있는 추세입니다.

통일에 대한 관심이 줄어든 이유는 무엇일까요? 여러 원인이 있

휴전을 체결한 지 65년의 세월이 흘렀다.
어느덧 분단은 남북한 주민들의 마음속에서 고착화되어가고 있다.

겠지만 통일이 왜 필요한지에 대한 인식이 부족하기 때문입니다. 이는 통일에 대한 부정적인 인식 때문일 수도 있고, 통일 자체에 대해 잘 몰라서 그럴 수도 있습니다. 어쩌면 같은 민족이라는 생각, 민족 공동체 의식이 희미해져가고 있어서 그럴지도 모릅니다. 수십 년째 분쟁의 역사가 되풀이되고 주변국들과 얽힌 갈등들로 인해 지치고 피곤해져서 통일이라는 말만 들어도 지겹다고 느낄 수도 있겠지요. 하지만 『그래도 우린 다시 만나야 한다』의 저자는 책 제목에서처럼 그래도 우리는 같은 언어, 같은 역사를 공유해온 한민족임을 잊어서는 안 된다며 통일을 위해 지치지 말고 나아가자고 말하고 있습니다.

우리는 함께 고난을 헤쳐온 한민족이다

『그래도 우린 다시 만나야 한다』를 쓴 이성원 전 통일부 과장은 오랫동안 통일 관련 일을 해온 분입니다. 통일부 통일교육원을 비롯하여 남북회담본부, 사회문화교류국, 개성공단사업지원단, 남북피해자지원단, 남북출입사무소, 북한이탈주민정착지원사무소, 남북경제협력협의사무소 등에서 근무했습니다. 2000년 6·15 남북 정상 회담 이후부터 여러 남북 공동 행사를 위해 북한 곳곳을 수십 차례 방문했습니다.

책 속에서 저자는 남북한 교류 행사의 감동적인 뒷이야기를 비롯하여 북한 곳곳의 풍경들과 북한 사람들과 있었던 끈끈한 사연들을 소개하고 있습니다. 2002년 부산 아시안 게임 때 남한을 방문한 북한 선수단과 있었던 일, 2005년 대북 비료 지원, 2004년 용천 기차역 폭파 사고로 인한 재해 복구 지원을 위해 북한을 방문했을 때 있었던 일, 그리고 북한의 교회에서 예배 드린 일과 영통사라는 절을 복원할 때 있었던 일 등도 소개하고 있습니다.

특히 일본에 있던 북관대첩비를 남북한이 협력하여 원소재지인 함경북도 길주에 다시 복원한 사연도 흥미롭습니다. 북관대첩비는 1592년 임진왜란 당시 함경북도 북평사였던 정문부 장군이 의병을 규합하여 왜군을 격파한 것을 기념하기 위해 숙종 때 만든 비입니다. 그런데 1905년 함경도에 진주한 일본군이 주민들을 무력으로 협박하여 일본으로 반출한 뒤 야스쿠니 신사에 오랫동안 방치되어 있었습니다. 그것을 1978년부터 우리나라와 일본의 스님 몇 분이서 반환을 추진해왔는데, 2004년 일본 측에서 남북한이 합의하여 반환을 요구하면 반환할 용의가 있다고 전해온 것입니다.

하지만 반환이 완료되기까지는 쉽지 않았습니다. 막상 반환을 해준다고 한 일본이 까다로운 절차를 요구했기 때문입니다. 이때부터 20여 차례에 걸쳐 청와대, 총리실, 통일부, 외교통상부, 문화재청, 광복60주년기념사업추진위 등의 관계 기관이 대책 회의를 하고, 두 차례 장관급 회담을 통해 공동 보도문을 채택하는 과정

일본 야스쿠니 신사에 100여 년간 방치됐던 북관대첩비의 모습.

을 거쳐, 드디어 2005년 10월 20일 북관대첩비가 남한으로 환수되었습니다. 그 후에도 우여곡절 끝에 2006년 3월 1일 개성 성균관에서 남북한 인사 300여 명이 참석한 가운데 인도 인수식을 거행하고 북관대첩비는 함경북도 길주로 향했습니다. 이 일은 남북한이 합심하여 일본에 빼앗긴 문화재를 되찾아온 첫 사례였습니다. 북관대첩비 반환을 성공시킨 사례는 남과 북이 고난을 함께 헤쳐온 한민족이라는 점과 그런 동질감이 통일의 밑거름이 될 수 있다는 것을 확인시켜주었습니다. 또 통일이 된 후에 생길 수 있는 여러 문제들도 머리를 맞대고 풀어나갈 수 있다는 희망을 보여주었다는 점에서 의미 있는 일이었습니다.

통일의 첫걸음은 서로 불신을 거두고 용서하는 것

책에서 가장 마음이 아프면서도 속이 상한 부분은 이산가족 상봉 사연입니다. 절절한 이산가족 상봉 장면을 보면서 느낀 것은 그 어떤 것보다 이산가족들의 자유로운 만남과 왕래가 시급하다는 것입니다. 정치적, 이념적 이해관계를 떠나서 가족을 못 만나게 하는 지금의 상황은 이산가족들의 인권을 침해하는 것을 넘어 학대하는 수준의 행위라고 감히 말할 수 있습니다.

저자는 통일로 가는 여정에 가장 큰 걸림돌은 남북한 사람들이 갖고 있는 불신이라고 말합니다. 그 예로, 이산가족 상봉 때 남한의 어떤 가족은 북한의 가족들에게 줄 돈을 일부러 가져오지 않은 사람도 있었습니다. 북한 당국이 그 돈을 가로챌 것이라고 생각했기 때문입니다. 하지만 저자는 단호하게 말합니다. 그런 일은 절대 없다고 말이지요.

그러면서 저자는 통일의 첫걸음은 서로를 용서하는 것이라고 강조합니다. 따지지 말고 먼저 손을 내밀자고 말합니다. 지난 일, 흘러간 과거에 얽매이면 미래는 없다고, 지금 필요한 것은 역지사지하는 것이라고 말합니다. 이것은 저자가 10여 년간 북한 사람들을 만나면서 얻은 교훈입니다. 실제로 책 속에서 저자는 단지 통일

부 업무로서 북한 사람들을 대하는 게 아니라 마치 이웃을 만나듯이 처지를 살피고 이해하려고 애씁니다. 남북 교류 중에 뜻밖의 사건과 갈등이 발생하기도 했지만 그때마다 불신이나 편견을 버리고 문제를 풀어갑니다.

책 속에서 저자는 남북 교류 행사에 동행한 통일부 직원에게 북한 사람들을 만날 때 사랑하는 마음으로 대할 것을 주문합니다. 일을 처리할 때는 상황에 따라 합리적으로 판단하되, 모든 일은 상대방 입장에서 생각할 줄 아는 역지사지 관점에서 판단하라고 말합니다. 그리고 위험 부담이 있어도 가치 있는 일이라 판단되면 위험을 감내할 용기 있는 결단이 필요하다는 것도 강조합니다. 통일부 직원은 선례가 없는 새로운 것을 만들어내는 사람이므로 신념을 가지고 일해야 한다는 것입니다. 통일의 밑거름이 되고자 애쓰는 저자의 소신을 엿볼 수 있는 부분입니다.

오랫동안 남북한을 오가며 북한 사람들을 만나온 저자가 얻은 결론은 북한의 개방만을 요구할 게 아니라, 그들이 개방을 하면 자신들에게도 이익이 된다는 점을 몸소 보여주자는 것입니다. 더 나아가 그들이 우리의 진심 어린 마음을 읽을 때 그들도 마음의 문을 활짝 열게 된다고 말합니다. “정치가 우리를 규정하는 것이 아니라, 우리가 정치를 만들어가는 것이다”라는 생각으로 북한 사람들을 만나야 한다는 것입니다.

생각 근육 키우기

1. 청소년뿐 아니라 많은 국민들이 통일에 대해 부정적인 생각을 하는 이유로 '통일 비용 부담'을 말합니다. 하지만 전문가들은 통일에 들어갈 비용은 소모성 비용이 아니라 더 발전된 통일 국가를 위한 투자 비용이라고 주장합니다. 또 통일 비용과 편익을 추산해봤을 때 통일을 함으로써 얻는 편익이 분단 상황을 관리하는 데 드는 비용보다 훨씬 크다고 말합니다. 통일을 위해 쓰일 통일 비용이 어떤 이익을 가져올 수 있을지 생각해보세요.

····>

도움말) 통일연구원의 보고서에 따르면, 2030년 통일을 가정한다고 할 때 2050년까지 들어갈 통일 비용은 약 3,600조 원이라고 추정합니다. 그리고 이 통일 비용 부담도 국민 세금은 800조 원 정도이고 나머지 2,800조 원은 민간 기업의 투자로 충당할 수 있다고 말합니다. 또 통일 비용보다 더 큰 이익을 볼 수 있다고 합니다. 당장 남북한이 대치하면서 발생하는 군비를 아껴 교육이나 공공 부문에 쓸 수 있으며, 남한의 자본과 북한의 노동력을 합쳐 시너지 효과를 냄으로써 경제 활성화를 위한 성장 동력을 마련할 수 있다고 말합니다. 또한 통일이 되면 우리나라는 한반도의 지정학적 특성을 살려 태평양과 유라시아를 연결하는 물류와 교통의 중심지로 부상할 것이고, 적대와 긴장, 증오 대신 평화와 화해, 공존을 바탕으로 한 새로운 나라가 될 것이라고 말하기도 합니다.

2. 통일을 해야 한다는 생각은 갖고 있지만 통일을 하는 방법과 절차에 대해서는 의견이 다양합니다. 이 책의 저자는 남북한이 활발한 교류를 함으로써 불신을 걷어내고 믿음을 갖는 것이 통일의 밑거름이 된다고 말합니다. 그런가 하면 어떤 사람들은 북한을 지원하는 것이 선심성 퍼주기라며, 이는 오히려 북한 정권을 유지시켜 통일을 어렵게 한다고 말하기도 합니다. 어느 쪽 의견에 동조하나요? 근거를 세워 말해보세요.

····>

도움말) 수많은 역사와 외교 사례에서 배웠듯이 적개심을 갖는 것은 평화와 통일에 도움이 되지 않습니다. 또 우리는 경제적으로 잘살고 우월하고, 북한은 열등하다는 생각으로 북한을 무시하는 태도도 상호 협력을 방해합니다. 당장 통일은 어렵더라도 먼저 평화를 유지하는 것이 중요합니다. 전쟁과 같은 불행한 일이 일어나지 않게 하려면 자주 만나서 친하게 지내야겠지요. 세계 분쟁 지역에서 일어난 일들의 사례를 보면 정치 지도자들의 역할도 중요하지만, 국민들의 의식과 참여 정도에 따라 변화가 나타나기도 합니다. 평화와 통일을 이루려면 정치적인 노력 외에 국민들 사이에서 활발한 논의와 참여가 일어나야 한다는 뜻입니다.

No. 08

친구의 글

평소 통일에 대해 생각해본 적은 없다. 그냥 어른들이 통일은 옳다고, 통일은 우리 후손들이 반드시 이루어야 할 숙제라고 해서 통일이 나쁜 것은 아니라는 생각이 무의식 중에 박혀 있던 것 같다. 사실 왜 해야 하는지 혹은 어떻게 통일을 이루어야 하는지 고민해본 적이 없었다. 하루하루 공부하느라 바쁘게 사는 대한민국 중학생들이 통일에 대해 생각해볼 시간이 있을까? 더구나 가끔 텔레비전을 통해 보는 북한 사람들의 행동은 아주 낯설었다. 중국인이나 일본인, 심지어 서양인들보다 더 낯설게 느껴지곤 한다. 분명 생김새도 같고 말도 통하는 같은 민족인데 우리와는 전혀 다른 세계에서 살고 있는 것 같은 생각이 든다.

내가 태어나기 전인 2000년 6월 13일에 남한과 북한의 정상이 만나서 평화를 위한 회담을 했다고 들었다. 또 노무현 전 대통령도 북한에 가서 정상 회담을 했다. 금강산에도 갈 수 있었고 개성공단도 만들어져서 통일이 곧 될지도 모른다는 희망에 부풀었다고 한다. 그때 우리는 북한에 많은 물자를 주었는데 이에 대한 찬성 의견과 반대 의견들이 분분했다. 나는 북한에 물자를 보내고 돕는 것은 옳다고 생각한다. 이웃집이 가난하여 살기 힘들면 도와주는 것이 당연한 것이다. 더 멀리 있는 아프리카의 가난한 나라에도 도움을 주는데, 가까이에 살고 있고 우리와 같은 민족인 북한을 모른 척하는 것은 문제가 있다.

어쩌면 북한은 사람에게 있어야 할 기본적인 의식주가 해결이 안 되어서 더욱 삭막해진 것은 아닐까 하는 생각을 해봤다. 그러므로 우리가 지금까지 북한에 물자를 주고 친한 관계를 유지했다면 벌써 통일을 했거나 통일에 가까워졌을지도 모른다. 이번 촛불집회에서 보았듯이 국민들이 힘을 모아 목소리를 내면 세상을 바꿀 수 있다. 정치인은 국민의 뜻을 잘 알아서 그것을 행하는 사람들이므로 결국 국민들이 중요한 것이다. 친구끼리 싸움을 해도 누군가 먼저 사과를 해야 친구 관계가 회복이 된다. 자존심을 세우고 계속 사과하지 않으면 둘 다 손해이다. 서로 미워하고 헐뜯고 힘센 선배에게 기대어 친구를 혼내주라고 하면 할수록 그 친구와는 멀어질 것이다.

요즘은 이산가족 상봉 이야기를 뉴스에서 보기 힘들다. 남한과 북한 모두 국민이 주인인 나라인데 왜 가족들을 못 만나게 할까? 이것은 국가가 국민을 괴롭히고 폭력을 행사하고 있는 것이나 다름없다고 생각한다. 지금은 이산가족이라 해봤자 모두 어르신들인데 이분들이 돌아가시면 우리는 통일을 해야 할 정당성이 더 줄어들고 통일을 할 의지도 바닥을 칠 것이다. 서둘러 통일을 진행해야 한다.

_정지인(온곡중학교 2학년)

2부

뉴스와 미디어

09

종이 신문은 유효한가

" 너무 많은 정보는 오히려 꼭 필요한 정보를 죽이는 법이다.
정보의 홍수 속에서 사람들의 '정보 비만'을 막는 일은
아직도 기자의 몫으로 남아 있다."

『신문, 읽을까 클릭할까?』

마리용 기요 지음, 니콜라 와일드 그림, 이은정 옮김, 내인생의책

신문보다 더 빠른 SNS 시대, 종이 신문은 살아남을 수 있을까? 현직 프랑스 기자가 뉴미디어 시대, 언론의 이면에 감춰진 비밀을 하나하나 짚어본다. 청소년들이 자신만의 기준을 세우고 뉴스 기사를 판단할 수 있도록 도와주는 책.

기자, 부패 권력을 무너뜨리다

1972년 6월 17일 밤, 다섯 명의 침입자가 미국 워싱턴 중심부의 거대한 호텔 건물인 워터게이트 빌딩에서 체포되었습니다. 그들이 발견된 곳은 미국 민주당 전국위원회 사무실이었지요. 그들은 많은 현금과 도청 장치를 가지고 있었습니다. 그해 미국 공화당의 리처드 닉슨 대통령은 재선*에 도전하는 선거를 준비하던 중이었습니다. 다섯 명의 침입자는 바로 닉슨 대통령을 위해 일하는 측근이었습니다. 그들은 상대 당인 민주당이 대선 운동 회의를 하는 장소마다 도청기를 설치하는 임무를 맡은 사람들이었지요.

이 사건은 《워싱턴 포스트》의 두 기자, 밥 우드워드Bob Woodward와 칼 번스타인Carl Bernstein의 맹활약으로 세상에 알려지게 되었습니다. 둘은 엄청난 양의 조사 자료를 읽고 많은 사람들을 만나서 다섯 명의 침입자와 닉슨 재선위원회의 관계를 밝혀냈어요. 하지만 《워싱턴 포스트》에 닉슨의 스파이 공작을 고발하는 기사가 수도 없이 실렸음에도 1972년 11월 7일 닉슨은 의기양양하게 재선에 성공합니다.

그래도 두 기자는 포기하지 않았습니다. 그들은 익명의 제보자

* 한 번 당선된 사람이 다시 선출될 수 있는 것. 미국의 대통령은 재선을 통해 4년씩 2번, 총 8년까지 재임할 수 있다.

- 닉슨 대통령의 워터게이트 사건을 최초로 폭로한 《워싱턴 포스트》의 두 기자 밥 우드워드(왼쪽)와 칼 번스타인.

가 준 정보를 바탕으로 계속 워터게이트 사건을 파헤쳤지요. 그때 제보자가 사용했던 가명 '딥 스로트Deep throat'는 지금도 '내부 고발자'라는 뜻으로 언론 용어 사전에 등재되어 있습니다. 내부 고발자의 도움을 받아 두 기자는 닉슨의 조직적인 스파이 공작 실태를 세상에 알릴 수 있었고, 결국 1974년 8월 9일 닉슨 대통령은 사임을 하게 됩니다. 두 기자는 1973년 언론계의 권위 있는 상인 퓰리처상을 받았습니다. 한편, 2005년 5월 31일 월간지 《베니티 페어》는 오랫동안 베일에 싸여 있던 워터게이트 사건의 '내부 고발자'의 정체를 밝혔는데, 그는 바로 닉슨 대통령 재임 시절 미 연방수사국FBI 부국장을 지낸 마크 펠트Mark Felt였습니다.

뉴스를 고르는 기자들?

『신문, 읽을까 클릭할까?』의 저자는 프랑스 청소년 잡지 《르몽드 데 아도》 기자로 오랫동안 청소년을 대상으로 글을 써왔습니다. 그는 사람들이 기자라는 직업에 많은 선입견을 갖고 있다고 보고, 청소년들에게 기자가 하는 일에 대해 알리고 싶어서 글을 썼다고 말하고 있습니다.

저자는 신문은 기자 한 명이 만드는 게 아님을 강조합니다. 신문 제작에는 기자 외에도 광고, 홍보 담당자, 정보원, 인쇄 노동자

등 많은 사람들이 참여합니다. 기자 마음대로 글을 쓰는 게 아니라 편집 회의를 거쳐 기사 내용을 논의하지요. 이때 언론사가 기자의 지위를 얼마나 보장해주고 독립성을 인정하느냐가 중요합니다. 그래서 신문사에는 기자의 독립성을 보장하기 위해 노동조합이 결성되어 있습니다.

어떻게 보면 기자는 뉴스를 만든다기보다 뉴스를 고른다고 할 수 있습니다. 매일 모니터 위에 뜨는 수많은 뉴스 중 하나를 선별하느라 고민하니까요. 그때 기자는 일단 현재 가장 뜨거운 화제가 되는 것을 고릅니다. 물론 어떤 주제가 가장 중요한 화제인가를 판단하는 것도 기자의 재량에 해당합니다. 그러다 보니 어떤 기자는 자주 일어나는 교통사고 소식보다 단체의 비리를 폭로하거나 유명인이 얽힌 사건을 자세히 다루기도 합니다. 또 지구 반대편에서 수백 명이 다치고 죽은 사건보다 아침 출근길에 지하철이 멈춘 사건을 더 크게 보도하기도 하지요. 뉴스를 선택할 때 거리의 근접성, 일상의 친밀성이 우선시된다는 뜻입니다. 이렇게 볼 때 중요한 사건이어서 뉴스가 되기도 하지만, 기자가 중요하게 다루다 보니 화제가 되기도 합니다.

그런가 하면 똑같은 뉴스를 어떻게 다룰 것인가도 기자의 시각에 따라 달라집니다. 같은 뉴스를 다루는 다양한 시각을 '앵글'이라고 부르지요. 예를 들어, 2010년 아이티를 뒤흔든 대지진 사건을 다루는 기사는 앵글에 따라 다양했습니다. 이재민 구호 조직에 대한 기사, 지진에 대한 과학적 설명 기사, 재해 지역에서 부모를 잃은 아이들의 불행한 처지에 대한 기사 등이 그것입니다. 이런 앵글은 편집 회의에서 결정합니다. 신문은 최대한 객관적인 정보를 제공하려고 노력하지만 어떤 사건을 모든 각도에서 분석하기란 불가능합니다. 그래서 신문사마다 그 신문만의 시선인 앵글을 중시합니다.

다시 말하면, 기자가 완전히 객관적인 입장에서 기사를 쓸 수는 없다는 뜻입니다. 기자 역시 내면의 소리에 따라 글을 씁니다. 따라서 교육, 정치, 영화, 환경, 경제 등 기자의 전문 분야에는 기자의 성향이 반영되어 있습니다. 결국 신문사와 기자가 어떤 주관적인 신념으로 글을 쓰는가가 그 신문의 이념을 보여준다고 볼 수 있습니다. 2009년 시사 주간지 《한겨레21》의 몇몇 기자가 각자 한 달 동안 비정규직 저임금 노동자로 위장 취업을 하여 그 체험을 토대로 '노동 OTL'이라는 특집 기사를 연재한 적이 있습니다. 이처럼 때로 기자는 어떤 주제를 깊이 다루기 위해 사회 활동가처럼 몸을 던지기도 한답니다.

종이 신문의 미래

오늘날 많은 사람들이 스마트폰을 통해 뉴스를 접합니다. 지하

인터넷으로 뉴스를 접하는 시대에 종이 신문은 살아남을 수 있을까?

철이나 공공장소에서 종이 신문을 펼쳐 읽는 사람을 보기가 매우 드물지요. 그렇다면 종이 신문은 사라지게 될까요? 언론사마다 차이는 있지만 광고 수익과 구독자가 감소하면서 언론사의 재정이 전반적으로 악화되었습니다. 언론 산업은 지식 노동을 하는 기자는 물론 인쇄 노동자, 신문 배달원, 임원을 포함한 많은 인력을 고용하고, 엄청난 양의 종이를 사용하며, 수많은 윤전기를 돌리면서 인쇄를 하고, 거대한 배급망을 움직이지요. 이 모든 과정에 필요한 돈이 언론사에 충분히 들어오지 않으면 결국 수익성의 부재라는 문제가 정보 전달의 필요성보다 중요해질 수밖에 없습니다. 그 결과 많은 언론사에서 인력 감축과 구조 조정이 늘어가는 실정입니다.

사람들이 종이 신문을 읽지 않는 이유는 종이 신문에 실린 기사를 모두 웹에서도 볼 수 있기 때문입니다. 우리는 컴퓨터는 물론이고 스마트폰이나 태블릿PC로도 신문을 읽고 있지요. 오늘날의 뉴스는 하이퍼텍스트 링크, 설문 조사, 슬라이드 이미지, 편집된 동영상, 효과음 등 다양한 요소가 구성된 결과물입니다. 뉴스 매체 변화에 대응하기 위해 기자는 사이버 기자로 변신했습니다. 이제 기자는 기사 작성은 물론이고 사진, 동영상, 인포그래픽까지 만들어야 합니다.

많은 사람들이 인터넷을 통해 뉴스를 접하는 이 시대에 종이 신문이 사랑받을 길은 무엇일까요? 이 책의 저자는 종이 신문 구독자가 줄어든 원인이 단지 인터넷의 등장 때문만은 아니라고 말합니다. 신문의 위기는 신문이 제공하는 콘텐츠의 위기라고 주장합니다. 즉, 독자들은 신문에 실리는 글에 실망했다는 것이지요. 그러므로 사람들이 더 명확하게 세상을 바라볼 수 있도록 질 좋은 정보를 제공하고, 독자의 마음을 움직이는 좋은 글을 쓰는 것이 종이 신문이 위기를 극복하는 길이라고 강조합니다.

오늘날 종이 신문은 뉴스의 신속성 면에서 인터넷을 이길 수 없습니다. 인터넷 매체의 기자는 거의 실시간으로 뉴스를 생산합니다. 그러다 보니 정보를 해독할 시간도 없이 흥미진진한 요소들 중심으로 기사를 올릴 수도 있습니다. 또한 인터넷 기자는 멀티태스킹으로 사이버 독자에게 답변도 해주어야 하고, 자신의 블로그도 따로 관리합니다. 이 모든 일을 동시에 처리하다 보면 정보의 가치를 가늠하고 검증하는 기자라는 직업의 본질이 훼손될 위험이 커집니다. 더구나 인터넷 특성상 포털 사이트에 올라온 뉴스들은 스포츠·연예 관련 기사가 매우 많습니다. 아주 능동적인 독자가 아니고선 뉴스를 진지하게 읽고 해석하기가 쉽지 않지요.

반면 종이 신문은 마치 각각의 지면들이 오케스트라 공연 작품이나 건축가가 설계한 집처럼 편집되어 있습니다. 종이 신문은 속도가 아니라 정확한 정보와 분석, 전망이 장점이라고 할 수 있습니다. 신문 1면을 보면 그날의 주요 뉴스를 한눈에 알 수 있고, 신문사가 무엇을 중요하게 다루는지, 왜 그러한지를 생각하게 합니다. 즉, 여론의 방향과 관점을 읽어내려면 종이 신문을 읽어야 합니다.

종이 신문의 장점은 독자로 하여금 생각하고 비판할 여지를 준다는 점입니다. 인터넷으로는 호흡이 긴 글을 읽기가 어렵지만, 종이 신문은 뉴스를 심층적으로 다룬 글을 읽기에 적당합니다. 그러므로 똑똑한 독자가 되려면 클릭보다 읽기가 먼저일 것입니다.

생각 근육 키우기

1. 이 책에 에밀 졸라에 대한 이야기가 있습니다. 소설가였던 에밀 졸라는 1898년 일간지 《로로르》에 펠릭스 포르, 당시 프랑스 대통령 앞으로 보내는 공개 서한 "나는 고발한다"라는 글을 기고했습니다. 에밀 졸라가 이 글을 쓴 배경이 된 드레퓌스 사건에 대해 알아보고, 평소 사회적으로 문제가 있다고 여기던 것을 떠올려서 "나는 고발한다"라는 제목으로 글을 써보세요.

····>

도움말) 1894년 10월, 유대인 출신 드레퓌스 대위는 독일에 군사 기밀을 넘겼다는 누명을 쓰고 체포되어 아프리카 기아나의 외딴섬, 일명 악마도에 갇힙니다. 그가 억울하게 누명을 쓴 데는 유대인이라는 점이 작용했지요. 그 후 진범이 밝혀졌지만 군부와 사법부는 진실을 덮은 채 드레퓌스에게 유죄를 선고합니다. 이에 당시 대중들에게 인기가 높았던 에밀 졸라는 기자가 탐사 보도를 하는 방식으로 사건의 연대기와 모든 증거를 검증하고, 장군, 필적 전문가, 국방부, 군사 법정 등 사건과 관련하여 고발할 대상을 차례로 나열하면서 그들을 호되게 비판하였습니다. 에밀 졸라의 공개 서한이 발표된 날 《로로르》지는 30만 부가 팔려나갈 정도로 사회에 큰 파장을 가져왔습니다.

2. 책에서 저자가 말한 대로 기자는 자신만의 '앵글'로 글을 씁니다. 따라서 기자가 어떤 시각으로 사건을 바라보고 있는지, 어떤 방식으로 호소하고 있는지 등을 알아내야 합니다. 신문 기사를 읽으면서 아래의 질문에 답해보세요.

- 기사 제목:

····>

- 기사 제목과 관련된 느낌이나 태도는?

····>

- 기사 제목과 관련된 경험 및 찬반 의견은?

····>

- 이 기사가 중요한 이유는?

····>

- 기사에 나온 중요한 내용(핵심)은?

····>

- 글을 쓴 사람은 누구인가?

····>

- 글쓴이는 주제에 대해 어떤 입장인가?

····>

- 글에서 사실과 의견을 구분한다면?

····>

- 글쓴이가 주장(의견)을 말하기 위해 근거로 세우고 있는 것은?

····>

• 글의 특징적인 문체나 어조, 감정적 단어 및 편향된 단어는 무엇인가?

····>

• 글쓴이가 독자에게 호소(설득)하는 방식은 무엇인가?

····>

• 글쓴이의 의견에 대한 독자로서 의견은 무엇인가?

····>

도움말) 종이 신문을 펼치면 보도 기사뿐 아니라 기획 기사, 전문가 칼럼, 심층 보도 기사, 정보, 기자 수첩, 사설, 투고 등 다양한 내용들이 있습니다. 신문을 읽을 때는 글을 쓴 사람이 누구이고, 어떤 맥락에서 글을 썼는지 알아보면서 읽어야 합니다. 신문을 꼼꼼히 읽으면서 저자의 설득적 요소를 찾는 훈련을 하다 보면 비판적 사고 능력이 향상될 수 있답니다. 또 최소한 두 개 이상의 신문을 펼쳐놓고 비교해가면서 읽으면 좋습니다.

No. 09

친구의 글

이 책의 제목처럼 요즘 사람들은 종이 신문보다 스마트폰에서 인터넷 뉴스를 많이 본다. 터치만 하면 언제 어디서나 쉽게 볼 수 있기 때문이다. 종이 신문에서 나온 기사도 인터넷으로 볼 수 있기 때문에 굳이 종이 신문을 펼쳐볼 이유가 없다고 생각하고 있었다. 그런데 이 책을 읽으면서 종이 신문도 봐야 한다는 것을 알게 되었다.

일단 종이 신문은 한눈에 그날의 뉴스들을 볼 수 있다. 1면에는 그날 신문사가 가장 중요하다고 생각하는 기사가 크게 나온다. 그러면 신문을 읽을 때 "왜 이 뉴스가 중요할까?" 하면서 읽게 된다. 또 2면, 3면에는 그날의 헤드라인 기사에 대해 더 자세히 심층 보도하는 기사가 나오기 때문에 궁금증을 해소할 수 있다. 이렇게 읽다 보면 신문사의 주장과 사회적 흐름에 대한 전반적인 견해를 넓힐 수 있게 된다.

반면 인터넷에 나온 기사를 읽고 실망한 적도 많다. 제목만 보고 읽었다가 읽을 게 없어서 낚였다고 생각한 적이 많았다. 사회적으로 화제가 되면 자극적인 제목만 달아서 앞다투어 올리다 보니 알맹이가 없는 기사도 많다. 그리고 인터넷으로 뉴스를 보면 그 기사에 달려 있는 광고들이 너무 많아서 집중도 안 되고 제대로 읽기도 어렵다.

인터넷 신문이나 종이 신문 모두 사람들에게 많은 영향을 끼치고 있다. 기사를 쓰는 기자들이 공정하고 객관적인 기사를 쓰는 것이 매우 중요하다. 하지만 독자가 좋은 기사가 어떤 것인지 알아볼 줄 아는 능력과 잘못된 기사를 비판할 줄 아는 것이 더 중요하다.

_오윤주(대영중학교 2학년)

10

광고의 바다에 살다

"광고가 우리 삶의 일부가 되어 버린 건 사실이다.
이제 광고 없는 세상을 상상하기란 쉽지 않다."

『광고는 왜 10대를 좋아할까?』

샤리 그레이든 지음, 미셸 라모로 그림, 김루시아 옮김, 오유아이

광고계에 몸담았던 저자가 광고의 역사부터 광고 제작 과정, 광고계의 속사정까지 우리가 알 만한 에피소드를 예시로 들며 광고의 세계를 재미있게 설명해준다. 광고를 제대로 이해할 때 현명한 소비 습관을 기를 수 있음을 깨닫게 된다.

광고로 가득한 세상

다이아몬드는 언제부터 결혼반지로 쓰였을까요? 사람들은 이것이 오랜 세월 전해 내려온 전통이라고 생각하지만 사실은 광고가 만들어낸 인식입니다. 오팔, 루비, 사파이어 같은 보석이 다이아몬드보다 훨씬 오랫동안 결혼반지로 쓰였어요. 그런데 1947년 다이아몬드 생산 업체인 드비어스 사가 이 투명한 보석을 사랑의 결정체로 광고하기 시작했습니다. "다이아몬드는 영원하다"라는 이 회사의 광고 문구는 다이아몬드를 영원한 사랑이라는 개념과 일치시켰고, 그렇게 해서 다이아몬드는 결혼 예물 반지를 대표하는 보석으로 굳어진 것입니다.

우리나라 유명 가구 회사에서 "침대는 가구가 아닙니다"라는 문구를 만들어 광고했는데, 일부 어린이들이 학교 시험을 볼 때 침대를 가구가 아니라고 표시했다는 말이 우스갯소리로 떠돌기도 했지요. 이처럼 자주 반복되는 광고 문구는 사람들의 생각과 행동을 변화시키기도 합니다. 그런데 "물고기에게는 물이 보이지 않는다"는 말이 있듯이 우리는 광고로 가득한 세상에 살면서 광고가 우리에게 어떤 영향을 미치는지 잘 생각하지 않고 살아갑니다. 광고학자들은 현대인이 하루에 만나는 광고는 600~3,000개에 이른다고 추정합니다. 텔레비전과 라디오, 잡지, 옥외 광고판, 게임, 인터넷 등 사람들은 광고라는 바다에 살지만 광고를 의식하지 않고

©Felix Stahlberg

* 전 세계 기업들의 광고 격전지인 뉴욕 타임스퀘어. 우리는 이미 광고의 홍수 속에 살고 있다.

살아가는 것입니다.

생각해보면 우리들은 스스로 걸어 다니는 광고판이 되고 있습니다. 기업의 로고가 새겨진 티셔츠나 청바지를 입으면 그 사람은 그 기업의 상품을 홍보하는 셈이지요. 우리가 여러 기업의 각종 제품을 얼마나 무료로 홍보하고 다니는지는 옷장을 열어보면 알 수 있습니다. 우리가 어떤 브랜드의 옷을 입고 다니면서 그 옷을 만든 브랜드를 알리는 것은 그 상품과 그것을 만든 기업의 가치를 인정하는 일이기도 합니다.

광고 회사가 10대에게 돈을 많이 쓰는 이유

『광고는 왜 10대를 좋아할까?』를 쓴 저자는 세계 최대 홍보 대행사에서 근무했고 신문 칼럼, 라디오 논평, 정치인 연설문 작성을 하는 등 다양한 경험을 한 사람입니다. 그는 대학에서 '미디어 읽기'를 가르쳤는데, 이 책은 청소년들이 광고에 대해 앎으로써 똑똑한 소비자가 되기를 바라는 마음에서 썼다고 합니다. 책 제목이 그렇듯이, 왜 광고 회사는 10대를 좋아할까요?

오늘날 10대는 다트판의 과녁처럼 광고주의 중요한 표적이 되었습니다. 많은 광고주들이 제품과 광고를 기획할 때 어린이들이 관심을 갖는 것이 무엇인지 염두에 두고 있습니다. 어릴 때 특정 회사의 제품을 쓴 사람들은 나이가 들어서도 계속 그 회사의 제품을 살 가능성이 많다는 연구 결과도 있지요. 이것을 '상표 충성도'라고 합니다.

예를 들어, 광고주들은 어린이가 부모를 졸라 물건을 사게 하는 광고를 만들려고 애씁니다. 이것을 '광고의 조르기 효과'라고 부릅니다. 또한 광고주는 아이들이 집 안의 꽤 큰 물건을 살 때에 영향을 미친다는 것을 압니다. 그래서 자동차 회사에서는 8~14세의 아이들을 '뒷좌석 고객'이라고 일컫는다고 합니다. 아이들이 부모를 대신해서 어떤 차를 살지 결정할 가능성이 높기 때문이지요.

요즘 광고주들은 "요람에서 무덤까지"라는 마케팅 전략을 쓰고

있다고 합니다. 쇼핑 전문가들은 어렸을 때부터 죽을 때까지 같은 가게에서 정기적으로 물건을 구매하는 고객의 엄청난 가치에 주목했습니다. 예를 들어, 어떤 고객이 같은 식료품 가게에서 20세부터 80세까지 매주 50달러(우리 돈으로 약 5만 원)를 소비한다면, 그 고객의 평생 가치는 15만 달러(우리 돈으로 약 1억 5,000만 원)가 넘습니다. 그래서 광고주들은 이런 평생 고객을 만들기 위해 갖은 애를 쓰는 것이지요. 그야말로 기저귀 찬 아기들도 마케팅의 표적으로 여긴다는 뜻입니다.

광고주들이 어린이와 청소년들의 입맛을 사로잡기 위해 사용하는 광고비는 상상을 초월합니다. 이 책에서 알려준 바에 따르면 2009년 미국과 캐나다의 패스트푸드 산업은 마케팅과 광고 비용으로 42억 달러(우리 돈으로 약 4조 2,000억 원)를 썼다고 합니다. 인터넷과 패스트푸드 체인점은 게임과 가상 현실을 이용하여 두 살짜리 어린아이까지 표적으로 삼습니다. 어떤 기업은 스마트폰 애플리케이션으로 아이들을 끊임없이 추적하여 아이들이 음식점 앞을 지날 때면 광고 문구를 전송하기도 합니다.

그런 광고는 대부분 청량음료, 설탕을 입힌 시리얼 등 의사들이 먹지 말라고 경고하는 정크푸드•들이지요. 미국에서 맥도날드

• 열량은 높지만 영양가는 낮은 인스턴트 식품.

웹 사이트에 매달 접속하는 2~11세 어린이는 34만 5,000명이라는 통계가 있습니다. 물론 아이들이 정크푸드를 많이 먹는 게 광고 때문이라고만은 할 수 없지만 광고가 큰 영향을 미친다는 사실은 부인할 수 없습니다. 미국과 캐나다의 어린이 세 명 중 한 명이 과체중이거나 비만이라는 통계도 이와 무관하다고 볼 수는 없겠지요.

광고가 소비자를 유혹하는 방법

"당신이 사는 곳이 당신이 누구인지 말해줍니다"라는 광고 문구가 있었습니다. 국내 유명 건설 회사의 아파트 광고였지요. 아파트를 만들어 분양하는 회사에서는 특정 지역의 가치를 강조함으로써 이익을 얻고자 하겠지요. '지역'을 강조한 차별적 전략으로 소비자를 설득하려고 합니다. 그런데 광고 문구에서 말한 것처럼 어떤 사람이 살고 있는 '장소'가 그 사람의 '존재'를 말해줄 수는 없습니다. 이것은 마치 특정 지역에 살면 그 사람의 가치도 높아질 거라는 환상을 광고가 심어준 것이지요. 처음엔 말이 안 된다고 생각했던 사람들도 이런 광고 문구를 지속적으로 보면 영향을 입게 됩니다. 그리하여 사람들은 은연중에 살고 있는 곳으로 사람을 평가하고 판단하는 데 익숙해지게 되겠지요.

하지만 광고가 모두 이런 식으로 소비자를 설득하는 것은 아닙

800만 뷰가 넘을 만큼 큰 화제를 모은 코카콜라 사의 행복 기계 캠페인.

니다. 인터넷이 등장하고 스마트폰 사용이 많아지면서 새로운 광고 전략들이 등장했지요. 이제 광고는 더 교묘해지고 더 영리해졌습니다. 요즘은 게릴라 마케팅이라고 하여 기발한 아이디어로 제품에 대한 긍정적 이미지를 심어주는 광고도 있습니다. 예를 들어, 코카콜라 사는 '행복 기계Happiness machine'라는 이름을 붙인 자판기를 대학 캠퍼스에 놓아둔 적이 있었습니다. 자판기에 동전을 넣은 학생들이 콜라 한 개 값으로 두 개를 받거나 자판기에서 사람이 나와 음식이나 꽃, 장난감 따위를 주기도 했습니다. 사람들이 웃음을 터뜨리고 자기가 받은 것을 주변 사람들과 나누는 상황을 몰래 카메라로 촬영하여 유튜브를 통해 배포했지요.

인터넷을 통한 약삭빠른 입소문 마케팅도 많습니다. 온라인 소비자 댓글의 3분의 1은 가짜라는 통계도 있지요. 영화나 드라마, 텔레비전 프로그램을 통한 간접 광고PPL도 매우 많습니다. 요즘은 대놓고 상품을 광고해주는 드라마도 있을 정도입니다. 그런가 하면 일반 토크쇼나 뉴스 보도, 시트콤처럼 보이지만 신기하게도 하나의 제품에 대해서만 이야기하는 것들도 있습니다. 광고인지 기사인지 구분하기 힘든 것도 있지요.

이 책의 저자는 광고의 바다에 살면서 다음의 네 가지 질문을 던질 것을 주문합니다.

첫째, 내가 이 광고 내용을 믿기를 바라는 사람은 누구일까?
둘째, 내가 이 광고를 믿으면 그들에게 어떤 이익이 돌아갈까?
셋째, 이 광고는 또 다른 무엇을 팔고 있는 걸까?
넷째, 이 광고는 무엇을 빠트렸을까?

생각 근육 키우기

1. 미국에서는 약 12,000개의 학교가 채널 원을 시청합니다. 상업 방송인 채널 원은 매일 중고생들을 대상으로 하는 시사 뉴스 프로그램을 제작하고, 이 프로그램을 학생들에게 보여주기 위해 학교에 텔레비전과 DVD 플레이어를 무료로 제공하고 있습니다. 대신 채널 원을 시청하는 학교는 학생들이 반드시 광고를 시청하도록 하고, 광고를 건너뛰지 못하게 합니다. 이 프로그램은 1990년대 초에 시작했는데 여전히 열띤 논쟁거리가 되고 있습니다. 이런 방식을 지지하나요? 채널 원의 입장과 반대 입장을 생각해보세요.

····>

도움말) 채널 원의 입장을 지지하는 사람들은 재정이 부족한 학교에 기자재를 제공함으로써 도움을 줄 수 있고, 특별히 제작된 시사 프로그램이 아이들의 학습에 도움이 된다고 주장합니다. 또 아이들은 어디에서나 광고에 노출되어 있기 때문에 학교에서 광고를 본다고 해서 문제될 게 없다는 입장이지요. 이에 반해 많은 교육자들은 채널 원에서 제공하는 프로그램의 효과가 별로 없으며 빈곤 지역의 아이들이 다른 아이들보다 광고에 더 많이 노출된다는 점에서 부정적이라고 주장합니다. 또 학교만이라도 광고 없는 구역이 되는 게 바람직하다고 말합니다.

2. 자선 단체는 사람들의 마음을 움직이게 하는 광고를 만들기 위해 굶주린 아이들이나 어떤 질병의 희생자를 광고의 이미지로 사용하기도 합니다. 만약 자선 단체의 광고에서 유기 동물이나 슬픔으로 가득한 아이의 얼굴을 보게 된다면, 그것을 보고 후원할 마음이 들까요, 아니면 시청자의 감정을 조작하고 있다는 느낌을 받을까요? 사람들이 사회 문제에 관심을 갖도록 하기 위해서 꼭 충격적인 광고를 해야 하는 것일까요?

····>

도움말) 충격적인 광고의 예로 금연 광고를 들 수 있습니다. 많은 사람들에게 흡연에 대한 경각심을 불러일으킬 수 있다는 이유로 점점 더 충격적인 사진이나 대사가 들어가고 있습니다. 소비자들로 하여금 슬픔과 죄책감을 느끼게 만들어서 물건을 사지 못하게 한다고 비판하는 사람도 있고, 그렇게 해서라도 효과가 있다면 해도 된다고 말하는 사람들도 있습니다. 사람들의 마음을 움직이고 광고 효과를 내기 위해서 굳이 강렬한 인상을 주는 방법을 써야 할까요? 충격적인 광고가 아니어도 효과를 낼 수 있는 좋은 방법을 생각해보세요.

No. 10

친구의 글

이 책을 읽고 광고에 대해 다시 보게 되었다. 제일 충격적이었던 것은 개인 정보 유출에 관한 것이다. 많은 인터넷 회사들이 사람들의 개인 정보를 모아놓고 있다고 한다. 이런 정보들은 광고주에게 매우 가치 있는 것이기 때문에 웃돈을 받고 팔리기도 한다는데, 만약 그렇게 된다면 그런 정보가 어떤 목적으로 쓰이는지, 누구와 공유되는지, 또 얼마나 보관되는지 알 수 없다.

이런 개인 정보 유출에 대한 우려 때문에 최근에는 광고주가 사람들의 온라인 활동을 추적하지 못하도록 규제해야 한다는 이야기도 나오고 있다고 한다. 하지만 온라인 광고주와 웹 회사, 미디어 기업들이 이에 반대하고 있다. 이들은 법안이 그렇게 정해진다면 자신들의 사업에 피해를 줄 뿐만 아니라, 광고주의 지원을 받아 무료로 제공하는 이메일, 소셜 네트워크, 지도, 동영상 같은 온라인 서비스를 사람들이 지금처럼 마음대로 사용할 수 없게 될 것이라고 말한다. 나는 광고주의 입장도 이해가 가지만 광고주가 사람들의 입장도 이해해주었으면 한다. 역지사지로 생각해보자. 자신들의 개인 정보가 유출되고 있다는 것을 안다면 얼마나 놀랄까? 어서 빨리 이 문제가 해결되었으면 좋겠다.

광고주는 또한 아이들이 집 안의 꽤 큰 물건을 살 때에도 영향을 미친다는 것을 알고 있다. 그렇게 때문에 10대는 광고주의 중요한 표적이 되었고, 광고주는 아이가 부모를 졸라 물건을 사게 하는 광고를 만들려고 애쓴다. 나 역시 그랬던 것 같다. 우리가 평소에 무심코 보는 광고들이 우리에게 이렇게 많은 영향을 끼친다니, 앞으로는 광고도 유심히 살펴봐야겠다.

_이유민(여의도중학교 1학년)

좋은 뉴스,
나쁜 뉴스

“우리가 어떻게 뉴스를 이해하고
받아들이는가에 따라 뉴스 또한 달라집니다.
좋은 뉴스가 좋은 공동체를 만들고
그 사이에 우리가 있습니다.”

『세상은 어떻게 뉴스가 될까』

홍성일 지음, 어진선 그림, 돌베개

각자 원하는 뉴스를 골라보는 시대, 우리는 뉴스로 세상을 알 수 있을까? 미디어 비평가가 ‘그럼에도’ 뉴스와 언론이 필요한 이유와 함께 뉴스와 세상을 이해하는 데 도움이 되는 큰 그림과 유용한 도구들을 제공한다.

뉴스가 전하는 사회를 아는 일

광화문 촛불시위를 취재하러 나온 모 방송국의 기자가 시위 군중들로부터 비난을 받았다는 소식이 인터넷에 올라온 적이 있었습니다. 또 다른 방송국은 카메라에 붙은 방송국 로고를 떼고 취재를 한다는 말도 있었지요. 세월호 사고 이후 몇몇 언론사와 기자들은 '기레기'라는 욕을 먹기도 했습니다. 그렇게 말하는 사람들은 해당 언론사의 뉴스가 현실을 제대로 담지 못하거나 왜곡시키고 있다고 생각했기 때문이겠지요.

사람들은 왜 기자가 아닌 방송국을 보고 화를 낼까요? 뉴스가 기자 한 사람이 만들어내는 생산물이 아님을 알기 때문입니다. 방송 뉴스에서 기자들은 어김없이 "OOO 뉴스 아무개입니다"라는 말로 끝을 맺습니다. 신문사도 마찬가지입니다. 사람들은 신문사를 보고 신문을 구독하지 기자의 이름을 따르지 않습니다. 그래서 어떤 사람들은 그 기자가 소속된 언론사를 문제 삼아 취재를 거부하기도 하지요. 결국 뉴스 제작의 책임은 해당 언론사 전체에 있다는 말입니다. 기자는 뉴스를 만들지만 이 뉴스는 언론사라는 조직 안에서 나온 것입니다.

『세상은 어떻게 뉴스가 될까』의 저자가 강조하고 있는 부분도 뉴스를 만들어내는 언론사가 어떤 곳인지 알아야 한다는 것입니다. 저자는 대중문화와 미디어 비평 전문가로서 "뉴스를 아는 것은 뉴스가 전하는 사회를 아는 일이다"라는 생각으로 청소년과 청년들의 뉴스에 대한 정확한 이해를 돕기 위해 이 책을 썼다고 머리말에서 밝히고 있습니다.

저자는 먼저, 모든 뉴스는 강력한 '이데올로기' 수단이라고 말합니다. 이데올로기Ideology를 풀어보면 생각Idea에 대한 학문이나 논리Logic입니다. 우리가 별 의심 없이 받아들이는 생각, 믿음, 상상들의 묶음이라고 말할 수 있습니다. 이를테면 우리가 세상을 보는 틀과 같은 것입니다.

그런데 저자는 이데올로기 형성에 뉴스가 큰 영향을 끼친다고 말합니다. 조금만 생각해보면 이 말이 무슨 말인지 금방 알 수 있습니다. 책에 나온 예를 들어 설명해보겠습니다. 저녁 뉴스 시간에 교사가 학생을 때린 장면이 나왔습니다. 어느 학생이 이 장면을 동영상으로 찍어 제보한 것입니다. 폭행을 한 교사는 학생을 손바닥으로 때려 날려버린다고 해서 '오장풍'이라는 별명으로 불렸다고 합니다.

여기까지는 사실입니다. 하지만 이제부터 뉴스는 해석을 하기 시작합니다. 기자는 "폭행"이라는 말을 씁니다. 비슷한 말로 체벌, 손찌검, 구타 등의 말들이 있는데 왜 하필 폭행이라는 말을 썼을까요? 아마 교육적 목적의 '체벌'이나 부정적 의미가 강한 '구타', 그리고 때리는 정도가 약한 '손찌검'보다 감정적 의미를 더한 '폭행'이라는 말을 더 선호한 것 같습니다. 기사 제목은 "도를 넘은 폭행"이라고 했습니다. '도를 넘은 폭행'이라는 말 속에는 '교사는 이러저러하지 말아야 한다'라는 기자의 생각이 담겨 있지요.

이것이 바로 기자의 이데올로기이고, 기자는 단어의 선택과 배열을 통해 알게 모르게 뉴스 속에 이데올로기를 담아 전하고 있습니다. 독자는 이런 기자의 이데올로기를 따라 뉴스를 읽고 사건을 해석하게 되지요. 실제로 이 뉴스가 보도된 후 교육 현장에서의 체벌 찬반 논쟁, 교권과 학생 인권 사이의 대립을 두고 여러 반응들이 있었습니다.

모든 뉴스는 권력이다

'오장풍 교사' 뉴스를 예로 들었지만 모든 뉴스에는 이데올로기가 담겨 있습니다. 노동자들의 파업에 관한 뉴스 보도를 보아도 알 수 있지요. 지하철 파업으로 인해 시민들이 불편을 겪고 있다, 항만 파업으로 수출에 빨간불이 켜졌다, 노동자들이 이미 고임금을 받고 있다 등등의 기사를 보도하는 뉴스를 자주 접합니다. 이들 뉴스들이 담고 있는 이데올로기는 '작은 이익을 위해 큰 이익을 희생해서는 안 된다'는 것이지요. 이는 누구에게 유리한 이데올로기일까요? 현실에서 보다 많은 권력을 가진 기업인의 이데올로기일 것입니다. 기업인은 자신의 이데올로기를 더 잘 알리기 위해 자주 언론인을 만납니다. 심지어 기업인들의 모임인 전국경제인연합회는 중고등학교 교과서 『경제』를 만들어 자신들에게 유리한 내용을 미래의 시민, 미래의 노동자들에게 가르쳐왔습니다. 그러니 노동자들이 파업을 벌이면 여론은 이미 노동자들에게 불리하게 조성되겠지요.

이렇게 현실에서 권력을 더 많이 가진 이들이 언론, 법, 교육과 같은 수단을 이용하여 자신의 이데올로기를 전파할 수 있게 되면 그들의 생각이 곧 우리 사회를 지배하는 생각이 되어버릴 수 있는 것입니다. 예를 들어, 강남 중심의 지역 이데올로기, 명문대 출신자의 학력 이데올로기, 기득권을 가진 남성의 가부장 이데올로기,

백인의 인종 이데올로기 등이 그것입니다.

이런 와중에 사회적 약자의 이익을 위한 이데올로기는 소외될 가능성이 높습니다. 오히려 사회적 약자들마저 자신들의 이익을 대변하는 이데올로기가 아닌 권력자들이 제공하는 지배적인 이데올로기로 세상을 보기도 합니다. 강북에 살면서 강남을 동경하거나, 여성이면서도 남성에 의존하는 여성을 당연하게 여기고, 노동자이면서도 다른 노동자의 파업에 대해서는 부정적으로 바라보는 것이 그것입니다. 따라서 모든 뉴스에는 권력이 작동하고 있음을 잊어서는 안 될 것입니다.

수많은 사람이 만나 대화하는 광장, 뉴스

이번에는 언론사가 어떻게 뉴스를 고르고 엮는지 책에서 알려준 내용을 소개해보겠습니다. "개가 사람을 무는 것은 뉴스가 되지 않지만, 사람이 개를 무는 것은 뉴스가 된다"는 말이 있지요. 모든 뉴스는 사건을 다루지만, 모든 사건이 뉴스가 되는 것은 아님을 함축적으로 보여주는 말입니다. 그러므로 기자가 그날 일어난 수많은 사건 가운데 왜 그 사건을 중요한 뉴스로 골랐을지 생각해보아야 합니다. 이것은 언론사의 구조와 밀접한 관계가 있는데, 누가 그 언론사의 데스크(편집국장)인가에 따라 달라질 수 있

뉴스 속 이데올로기를 간파하는 힘은 뉴스를 적극적으로 읽어낼 때 생긴다.

습니다. 데스크는 현장 기자가 무엇을 취재할지를 지시하거나, 취재한 내용을 뉴스로 만들 것인지 여부를 결정할 수 있는 자리입니다. 그래서 일각에서는 뉴스 가치의 올바른 선정을 위해 편집국장이나 방송사 대표를 직선제*로 선출해야 한다고 주장하기도 하지요.

저자는 또 건강한 뉴스 만들기를 방해하는 것으로 '돈'을 통한 언론 통제를 말하고 있습니다. 대부분의 언론사는 기업의 광고에 의해 운영되기 때문에 광고주(기업)의 눈치를 보게 됩니다. 우리나라 신문사들의 수입 중 광고가 차지하는 비율이 70~90퍼센트라고 합니다. 구독률이 현저히 낮은 상태에서 광고를 얻지 못하는 신문은 심각한 경영난을 겪을 수밖에 없습니다.

2010년 3월 삼성반도체 공장에서 일했던 박지연 씨가 스물세 살의 나이로 사망했습니다. 사인은 백혈병인데, 그녀가 일했던 공장의 노동 환경이 발병 원인으로 지목되었지요. 그런데 박지연 씨의 사망 다음날 그 소식을 알린 신문은 《한겨레신문》뿐이었습니다. 《조선일보》, 《동아일보》, 《중앙일보》는 물론 KBS, MBC, SBS도 이 사건을 보도하지 않았지요. 이 뉴스가 가치가 없어서 그랬을까요? 결코 그렇지 않습니다. 해외 언론은 물론 만화와 영화로도 만들어질 만큼 이미 심각성이 대두된 사건입니다. 이는 언론사가

* 구성원들이 직접 투표를 통해 리더를 뽑는 방식.

기업의 눈치를 본 대표적인 사례이지요.

책의 머리말에 '타조 증후군'이라는 말이 나옵니다. 타조는 위험에 처하면 머리를 땅에 박아 위험으로부터 아예 고개를 돌린다고 해서 나온 말입니다. 뉴스 보기가 겁나서 뉴스를 보지 않으면 타조처럼 될지 모르지요. 따라서 뉴스를 그냥 흘려보내지 말자고 저자는 호소합니다. 우리가 뉴스에 무관심할 때 우리가 사는 공동체로부터 우리 스스로 멀어져서 고립되고 소외될 수 있다는 것이지요. 수많은 사람이 만나서 대화하는 공공의 광장인 뉴스를 적극적으로 읽어내는 한편, 더 나아가 뉴스를 만드는 사람이 되자고 저자는 강조합니다.

생각 근육 키우기

1. 이 책에서 저자는 1인 미디어 시대에 대해 말하고 있습니다. 이제 누구나 자기가 하고 싶은 말을 전할 수 있게 되었지요. 블로그, 유튜브를 비롯한 SNS를 통해서 자신의 의견을 전달할 수 있고, 간단한 장비만 갖추면 라디오(팟캐스트) 방송국을 만들 수도 있습니다. 1인 방송국을 만든다면 어떤 뉴스를 제작하고 싶은가요? 방송국 이름과 분야를 정해보세요.

····>

도움말) "모든 시민은 기자다"를 슬로건으로 내건 인터넷 신문 《오마이뉴스》를 시작으로, 기존 언론사를 나온 기자들이 만든 독립언론 《뉴스타파》, 국내에 팟캐스트 열풍을 일으킨 〈나는 꼼수다〉, 그리고 속보 경쟁에서 놓치기 쉬운 사안들을 꼼꼼하게 되짚어주는 블로거 연합 사이트 《슬로우 뉴스》 등 많은 미디어가 생겨났습니다. 언론사에서 만든 뉴스를 심층 해석해본다거나, 일상 안에서 벌어지는 사건들도 그것을 보는 관점에 따라 뉴스로서 가치를 인정받을 수 있습니다. 친구들과 뉴스 동아리를 만들어 함께 만들면 더 좋겠지요.

2. 저자는 '뉴스 낯설게 보기'를 권합니다. 예를 들어, 서울 광화문의 이순신 동상은 1968년에 세워진 이후 대한민국 수도 서울의 대표적인 랜드마크가 되었습니다. 대부분의 한국인들은 이순신 장군의 늠름한 모습이 한국인의 기상과 용기를 보여주고 있다고 생각할 것입니다. 그런데 외국인의 입장에서 낯설게 본다면 어떨까요? 무서운 얼굴의 군인 동상이 왜 수도 한복판에 세워졌는지 의문을 가질 수도 있겠지요. 이순신 장군 동상을 광화문에 세운 데 대해 어떻게 생각하나요?

····>

도움말) 우리는 너무나 익숙해진 것에 대해서 낯설게 보기가 어렵습니다. 뉴스나 드라마에서 반복적으로 강조한 것을 알게 모르게 상식으로 여깁니다. 이러한 것을 관습화된 사고라고 하지요. 해석에 따라서는 이순신 장군 동상 설치를 군국주의를 당연하게 여긴 태도나, 동상을 세운 박정희 대통령의 이미지를 긍정적으로 만들기 위한 것으로 볼 수도 있습니다. 그렇다면 군인이 아닌 평화를 상징하는 인물을 그 자리에 세울 수도 있을 것입니다.

No. 11

친구의 글

이 책을 읽고 나서 가장 강하게 남은 말은 "뉴스란 세상의 소식을 들려주는 매개체가 될 수 있고 세상을 변화시키는 일을 할 수 있다"이다. 뉴스는 사실인가? 사실에 대해 말하고 있지만 엄밀히 말하면 뉴스는 사실에 관한 해석이다. 같은 사건이라도 기자가 사실을 어떻게 해석하느냐, 또 독자가 그 뉴스를 어떻게 해석하느냐에 따라서 세상의 여론이 달라진다.

그럼 뉴스는 어떻게 세상을 변화시키는가? 기자와 독자가 끊임없이 뉴스를 보고 듣는 것은 세상이 좋은 쪽으로 변화하기를 바라기 때문이다. 사람들은 뉴스를 해석하고 뉴스로 상상하며 앞으로 무슨 일이 일어날지 예측하고 어떤 방향으로 나아가야 할 것인지 고민한다. 이런 고민을 반복하면서 세상은 조금씩 조금씩 움직이기 시작한다. 맨 처음 흑인 노예 해방을 주장한 뉴스나 여성의 투표권을 주장한 뉴스는 그 당시엔 호응이 적었지만, 계속 뉴스로 만들어지면서 세상은 바뀌었다.

우리나라의 예를 들면 "청소년 아르바이트 부당 대우 심각"이라는 기사는 2002년부터 10년이 넘게 지속적으로 다루어졌다. 이렇게 오랫동안 꾸준히 뉴스로 나온 이유는 우리 사회가 그만큼 청소년들에게 정당한 노동의 대가를 지급하는 데 인색했다는 것을 뜻한다. 어떤 사람들은 청소년들이 하는 아르바이트는 어른들이 하는 노동과 다르다고 여기고 정당한 임금을 주지 않았다. 엄연히 법으로 보장되어 있는데도 말이다. 그래서 기자들은 사회의 인식과 제도가 바뀔 때까지 계속 이 문제를 기사로 썼고, 그 결과 어느 정도 변화를 이끌어냈다. 2002년 최저임금이 시급 2,275원이었던 게 2016년에 6,030원으로 바뀌었고(2018년 7,530원으로 인상), '알바노조' 같은 단체가 생겨서 청소년 노동권 보장을 위해 일하고 있다. 뉴스는 이렇게 우리에게 가깝고 영향력 있는 존재이다.

만약 이처럼 중요한 것들을 뉴스로 만들지 않는다면, 그리고 독자들이 그 뉴스를 읽지 않는다면 세상은 변화하지 않을 것이다. 기자는 바뀌어야 할 것들을 뉴스로 만들어서 보여주고, 사람들은 그것을 해석하고 비판함으로써 사회가 점점 더 나은 쪽으로 바뀔 수 있다. 그래서 좋은 뉴스에는 박수를 쳐주어 함께 여론을 만들어야 한다.

_배기륜(성남중학교 3학년)

12

래퍼,
인문 정신을 논하다

"그 언어의 향연이
교실 뒤편에서, 마을 책방에서,
공원 가로등 아래에서, 구석구석 피어난다면
세상은 좀 더 자유로워지지 않을까."

『랩으로 인문학 하기』

박하재홍 지음, 슬로비

사회적 활동가로 일하며 랩 공연을 하는 저자가 청소년들에게 랩으로 희로애락을 표현하는 법을 말한다. 국내외 래퍼들이 랩이라는 창구를 통해 어떻게 고민을 분출했는지, 그것이 청소년들에게 어떤 도움을 줄 수 있는지 풀어냈다.

시인이 된 래퍼, 래퍼가 된 시인

"별 하나에 추억과 / 별 하나에 사랑과 / 별 하나에 쓸쓸함과 / 별 하나에 동경 / 별 하나에 시와 / 별 하나에 어머니 / 당신의 시처럼 하늘을 우러러 / 한 점 부끄러움이 없길 / 당신의 삶처럼 모든 죽어가는 것을 / 사랑할 수 있길 / 때론 사는 게 허무하고 무기력할 때 / 당신의 육첩방을 밝혔던 / 등불을 기억할게 / 난 왜 느끼지 못하고 외우려 했을까 / 용기 내지 못하고 / 뒤로 숨으려 했을까 / 그에게 총칼 대신 / 연필 끝에 힘이 있었기에 / 차가운 창살 건너편의 / 하늘과 별을 바라봐야 했네 / 나의 이름 나의 나라가 / 부끄럽지 않게 / 오늘도 나아가야지 / 흙으로 덮여지지 않게."

MBC 〈무한도전〉이라는 프로그램에서 래퍼 개코와 황광희가 부른 '당신의 밤'이라는 노래의 일부 가사입니다. 윤동주 시인의 시 '서시'와 '별 헤는 밤', '쉽게 쓰여진 시' 세 편의 내용이 포함되어 있습니다. 가사 내용은 먼저 적극적으로 독립운동을 하지 못한 자신을 부끄러워하고 고향을 그리워하던 시인의 마음을 표현하고 있습니다. 그리고 지금 시대를 살아가는 젊은이로서 시인의 마음에 공감하지 못한 점을 부끄럽게 여기고, 앞으로 적극적으로 살아가겠다는 의지를 밝히고 있습니다. 방송이 나간 후 많은 칭찬과 감

동의 반응이 쏟아졌습니다. 익히 알고 있던 윤동주 시인의 시를 랩으로 들으니 시어 한 구절 한 구절이 되살아나는 감동을 느꼈다는 반응들이었지요.

『랩으로 인문학 하기』에서 저자는 랩은 문학이고 래퍼는 작가라고 말합니다. 래퍼는 오래전 장터에서 사람들에게 이야기를 들려주던 이야기꾼이나 시를 읊으며 떠돌아다녔던 음유시인처럼 목소리를 연주하는 사람이라는 것이지요. 래퍼는 슬픈 문장에는 목소리에 살짝 물기를 뿌렸다가 즐거운 문장에는 미소의 양념을 뿌립니다. 때로는 무덤덤하고 건조한 목소리도 필요합니다. 그래서 저자는 "랩은 하고 싶은 말에 장단을 실어 상대방의 귀를 끌어당기면서 고개를 끄덕이게 만드는 말의 기술이자 표현이다"라고 정의를 내립니다.

랩은 주로 자신이 겪은 이야기나 주장하고 싶은 것을 가사로 만듭니다. 그래서 한 편의 수필이거나 연설문이 되기도 합니다. 미국의 래퍼 에미넴Eminem은 흑인들로부터 극찬을 받은 최초의 백인 래퍼인데, 불우한 환경에서 성장한 자신을 주인공으로 내세운 랩으로 주목을 받았습니다. 노벨 문학상을 수상한 시인 셰이머스 히니Seamus Heaney는 에미넴의 에너지 넘치는 가사가 통기타 가수 밥 딜런Bob Dylan의 작품에 못지않다는 찬사를 보냈다고 합니다.

밥 딜런은 2016년 노벨 문학상을 받아 세상을 깜짝 놀라게 한 사람이지요. 사상 최초로 가수가 노벨 문학상을 받았기 때문입니다. 통기타를 둘러메고 서정적인 노래를 부르는 밥 딜런을 사람들은 음유시인이라고 불렀습니다. 스웨덴 한림원은 밥 딜런이 "위대한 미국 노래의 전통 속에서 참신한 시적 표현을 만들어냈다", "고대 그리스 시와 다를 게 없다", "밥 딜런은 귀를 위한 시를 쓴다"고 수상 이유를 밝혔습니다.

밥 딜런을 음유시인이라고 부르듯이 래퍼도 시인일 수 있습니다. 시 못지않게 깊은 인상을 남기는 가사들이 있기 때문이지요. 무엇보다 랩을 문학 중에서도 시와 견주게 된 이유는 시에서 쓰이는 운율 기법이 랩에서 매우 중요하기 때문입니다.

랩의 가사에는 인문 정신이 담겨 있다

소설 『레미제라블』이 프랑스 혁명기의 시대상과 정신을 표현했듯이 랩도 그 시대의 모습과 이상을 표현합니다. 캐나다에는 케이난K'Naan이라는 독특한 래퍼가 있습니다. 그의 이름은 소말리아어로 '여행자'라는 뜻입니다. 무정부 상태의 혼란에 해적들이 득실대는 나라로 알려진 소말리아, 그곳이 케이난의 고향입니다. 그는 친구들의 죽음을 목격하고 열세 살이 되던 해 가족과 함께 소말리아를 떠나 캐나다에 정착했지요.

그는 소말리아 전통 음악을 랩에 섞어 넣고 영어와 소말리아어

소말리아 전통 음악을 섞어 영어와 소말리아어로 랩을 하는 케이난.

로 랩을 구사합니다. 그는 자신의 이야기를 랩에 담았지만 그의 음악을 듣는 사람들에게 케이난은 단순히 한 개인이 아닙니다. 그의 랩 소절이 사람들을 소말리아로 초대하고 고통받는 소말리아인들에 대해 생각하게 하니까요.

국회의원에 도전한 래퍼도 있습니다. 래퍼 김디지는 2008년 총선에서 서울 강남구 국회의원에 무소속으로 출마했습니다. 그는 1톤 트럭을 무대로 만들어 그 위에 올라가 랩으로 유세를 했지요. 그가 부른 랩 가사의 일부입니다.

"빈민보단 부유층의 기득권이 우선 / 사회문제 정책보단 비자금을 조성 / 그것만이 지금 이곳 정치꾼들의 위선 / 개그보다 더 웃긴 건 국회를 향한 시선 / 집값 오르고 세금 오르고 내 월급만 안 오르고 / 불평불만 늘어놔도 우리 얘긴 듣지 않고 / 유리 지갑 회사원의 지갑 갈수록 얇아지고."

관심과 조롱 속에서 투표함이 열렸고, 결과는 놀라웠습니다. 그의 득표수는 총 1,782표로 일곱 후보 중 4위였고, 수도권 무소속 후보 중 3위였습니다. 그는 무엇보다 공약의 실현 가능성을 중요하게 여겼습니다. "학교 수업에 힙합 과목을 만들어 래퍼들의 일자리 창출!", 이런 걸 말하지 않았습니다. 관용차 2,000cc 이하 사용 의무화, 국회의원을 위한 예산 4,000억 삭감으로 결식아동 지원 등이 그의 주된 공약이었습니다.

사회의 편견에 도전장을 내민 랩도 있습니다. DJ DOC의 'DOC

와 춤을' 가사 일부입니다.

"젓가락질 잘해야만 밥을 먹나요 / 잘 못해도 서툴러도 밥 잘 먹어요 / 그러나 주위 사람 내가 밥 먹을 때 / 한 마디씩 하죠 너 밥상에 불만 있냐."

또 한국을 대표하는 여성 래퍼 윤미래는 '검은 행복'이라는 노래에서 차별의 아픔을 토로하기도 했습니다.

"내 Poppy는 흑인 미군 / 여기저기 수군대 또 이러쿵저러쿵 / 내 눈가에는 항상 눈물이 고여 / 어렸지만 엄마의 슬픔이 보여 / 모든 게 나 때문인 것 같은 죄책감에 / 하루에 수십 번도 넘게 / 난 내 얼굴을 씻어내."

그런가 하면 래퍼 MC 스나이퍼는 '솔아 솔아 푸르른 솔아'에서 아름다운 청년 전태일을 랩으로 되살렸습니다.

"인간으로서 요구할 수 있는 최소의 요구 / 자식 부모 남편이길 버리고 죽음으로 맞선 / 이들에겐 너무도 절실했던 바램 하지만 / 무자비한 구타와 연행으로 사태를 수습한."

디스보다 피스를!

래퍼는 이렇듯 역사, 자유, 인권, 환경 등 다양한 분야를 넘나드는 스토리텔러입니다. 그런데 가끔 심하게 공격적인 표현으로 논란이 되기도 합니다. 이런 랩을 디스랩이라고 하는데, 여기서 디스란 존중을 뜻하는 영어 리스펙트respect의 반대말 디스리스펙트disrespect의 줄임말입니다. 디스는 시빗거리가 생긴 누군가를 폄하하며 창피를 주려고 하는 말과 행동이지요. 예를 들어, "미팅에 나온 여자들은 나의 강아지 / 싫증나면 난 차버리지"와 같은 문장은 여성과 동물을 비하하는 폭력성이 담겨 있어 디스랩이라고 할 수 있습니다. 책의 저자는 래퍼에게는 디스보다는 피스peace가 더 잘 어울린다고 말하면서, 래퍼가 자신의 말에 책임을 지는 자세로 가사를 써야 한다고 강조합니다.

랩의 역사에서부터 랩을 잘하기 위한 방법들, 그리고 랩이 품고 있는 다양한 인문 정신을 소개하고 있는 이 책은, 특히 저자의 성장 스토리도 담고 있습니다. 한때 사회적 기업 '아름다운 가게'에서 일하면서 거리의 래퍼였던 저자는 현재 전국을 다니며 대중음악을 매개로 청소년들과 소통하는 활동을 하고 있습니다. 책 뒤에는 '낭독의 두드림'이라는 랩 수업에 참여한 청소년들의 랩 가사 열다섯 편이 수록되어 있어서 그들의 생생한 목소리를 전해들을 수 있습니다. 저자가 2016년에 펴낸 『10대처럼 들어라』도 대중음악으로 청소년과 소통하는 내용이 담겨 있어 추천하고 싶습니다.

생각 근육 키우기

1. MBC 〈무한도전〉에서 부른 '당신의 밤'이나 MC 스나이퍼의 '솔아 솔아 푸르른 솔아'처럼 역사 속 인물의 삶이나 시대의 아픔을 표현하는 랩 가사를 만들어보세요.

····>

도움말) '당신의 밤'이나 '솔아 솔아 푸르른 솔아' 모두 인물의 삶을 나열만 하는 것이 아니라, 인물이 처한 상황과 고민을 떠올려서 가사를 썼습니다. 또 두 작품 모두 지금의 현실을 이야기하면서 인물의 신념과 가치관을 본받아 우리가 할 역할과 참여 의식을 강조하고 있습니다.

2. 저자는 '포이트리 슬램Poetry Slam'이라는 랩의 장르를 찾아냈습니다. 이것은 일종의 시 낭송인데, 잔잔한 음악에 차분한 목소리로 낭송하는 것이 아니라 랩처럼 말을 던지고 온몸으로 시를 발산합니다. 읽는 시와 다르게 '소리로서의 시'라고 할 수 있지요. 서태지의 '교실 이데아'처럼 현재 자신이 가장 고민하고 있는 것이나 일상에서 느끼는 사회 문제, 사회적 편견 등을 떠올려보고 가사를 쓴 후 낭독해보세요.

····>

도움말) 먼저 저자가 책에서 알려준 랩 가사 쓰는 방법과 낭독하는 자세를 자세히 읽어보세요. 우선 긴 글을 필요로 합니다. 풍부한 표현력이 있어야 하고 직설적인 산문을 써야 합니다. 그 다음 낭독을 합니다. 랩을 할 때에는 귀에 쏙쏙 박히는 말투, 느리게 빠르게 속도를 타는 목소리의 흐름, 중간중간 터트리는 단어의 운율이 중요합니다.

No. 12

친구의 글

'랩'이란 단어를 들으면 무엇이 떠오르는가? 〈쇼미더머니〉에 나오는 멋있는 래퍼들? 온몸에 문신하고 담배 연기를 뿜어대는 래퍼들? 서로에게 디스랩을 밑도 끝도 없이 던지는 래퍼들? 우리가 이런 생각을 하는 것은 너무나 당연하다. 미디어에서 우리에게 보여준 랩이 주로 그랬기 때문이다. 언젠가부터 랩은 젊은이들이 즐기는 음악이 되었고, 나이 드신 분들에게는 시끄러운 음악이 되었다.

이 책은 마치 이런 편견을 깨기 위해 쓰여진 것 같다. 책을 읽으면서 내가 몰랐던 랩, 힙합, 가사의 중요성 등을 알게 되었고, 점점 랩의 신세계에 빠져들었다. 저자 박하재홍은 랩은 "하고 싶은 말에 장단을 실어 상대방의 귀를 끌어당기면서 고개를 끄덕이게 만드는 말의 기술이자 표현"이라고 책에서 말한다. 우리가 아는 랩과는 상당히 다른 해석이다.

평소 다양한 음악 장르를 즐기는 평범한 고등학생인 나도 랩을 좋아한다. 학교 프로젝트로 랩을 몇 번 제출하면서, 랩은 자기 생각을 전하는 가장 쉽고 단순한 방법이 아닐까 하는 생각도 해보았다. 그래서 저자가 하는 말에 더 공감할 수 있었다.

이 책은 나와 비슷한 청소년들에게 꼭 권하고 싶은 책이다. 꼭 랩을 좋아하지 않아도, 음악적 재능이 없어도 된다. 책을 읽기만 해도 저자가 전하고자 하는 메시지를 쉽게 이해할 수 있기 때문이다. 혹시 모른다. 책을 읽고 나처럼 랩 가사를 끄적거리고 있을지도.

_임성호(한국외국인학교 고등학교 2학년)

13

숨겨진 맥락

" 영화를 보면서 인간을 배우고,
관계를 성찰하며, 세상을 사유함으로써
앞으로 내가 어떤 미래에서 어떤 삶을 살 것인가
생각할 수 있을 것입니다."

『인성, 영화로 배우다』

라제기, 백승찬, 이형석 지음, 남동윤 그림, 꿈결

일간지 영화 담당 기자이자 학부모인 저자들이 10대의 인성 함양을 길러주고, 사고 훈련 및 글쓰기에도 도움이 되는 영화 12편을 선별해 소개한다. 공감, 감사, 나눔, 자기 존중, 정의, 소통 등 12가지 인성 자질을 배울 수 있다.

영화의 줄거리보다 더 중요한 것, 맥락

우리나라 영화 역사상 가장 많은 관객을 동원한 것으로 알려진 〈명량〉의 인기 비결은 무엇일까요? 다양한 의견이 있겠지만 저는 가장 큰 이유를 시대성이라고 봅니다. 〈명량〉은 2014년 7월에 개봉되었습니다. 유가족은 물론 온 국민의 가슴에 깊은 상처를 남긴 세월호 참사가 일어난 지 3개월 후였습니다. 사람들은 승객들을 버리고 도망친 선장에게 분노했고, 조직 안에서 눈치나 보고 자기 안위만 살피던 무책임한 관료들에게 실망했습니다. 위기의 순간에 자신을 던져 생명을 구하는 영웅, 강력한 리더십이 정말 그립고 간절했습니다. 이순신 장군 같은 사람 말입니다.

영화감독이나 제작자는 아마도 이런 질문을 던질 것입니다. "현재 대중들이 가장 바라는 영화는 무엇일까?" '왜 지금 이 영화인가?'라는 당위성을 만들어내야 흥행에 성공할 수 있겠지요. 그래서 영화나 드라마를 만드는 사람들은 시대가 요구하는 것을 읽어내는 능력이 필요합니다. 영화 〈명량〉은 시대의 필요를 읽어낼 줄 알았습니다. 영화감독은 슬픔과 분노에 빠진 사람들을 위로하기 위해 역사 속 영웅을 모셔왔습니다. 감독이 그런 의도를 직접 표방하지 않았더라도 이미 작품은 그렇게 읽힙니다. 작품은 작가의 의도를 뛰어넘어 해석되곤 하니까요.

영화를 보는 관객들도 한 편의 영화가 시대 안에서 어떤 의미를

영화 〈명량〉의 흥행 배경에는 위기의 순간 자신을 던져 생명을 구하는 강력한 리더십에 대한 대중들의 열망이 있었다.

지니고 있는지를 읽어낼 줄 알아야 합니다. 즉, '맥락'을 읽어내야 합니다. 이것을 콘텍스트context라고 합니다. 다시 말하면 영화를 볼 때에는 영화의 내용만 볼 게 아니라 왜 그 영화가 흥행하게 되었는지를 사회적인 상황에서 고려할 줄 알아야 한다는 뜻입니다. 영화가 소비된 맥락을 두루 살펴보라는 말이지요. 영화를 만든 시점이 언제인지, 제작사는 어디인지, 세트장은 어디인지, 감독이 갖고 있는 이념이나 가치관은 무엇인지를 읽어내는 것입니다.

만약 방송국에서 〈정도전〉이라는 드라마를 만든다면 그것은 분명 제작자의 의도가 담겨 있습니다. 영화 〈명량〉이 세월호 참사 이후 강력한 리더십의 요구에 부응한 것처럼 방송국에서 드라마를 통해 정도전이라는 인물을 등장시킬 만한 '맥락'이 있다는 뜻입니다. 알다시피 조선 왕조를 세우는 데 중추적 역할을 했던 정도전은 고려 왕조 입장에서는 배신자입니다. 보는 관점에 따라서 역사적 평가가 다른 인물을 드라마로 만들 때에는 분명히 그 인물을 다루고 싶은 이유가 있게 마련입니다. 가장 큰 이유 중 하나는 정치적 이유입니다. 정도전을 개인의 야망을 위해 고려 왕조를 배신한 사람, 즉 성공 지향의 자기계발적 인물로 그려내느냐, 아니면 낡은 시대를 바꾼 개혁적 인물로 그려내느냐는 제작자의 정치적 이유에 따라 결정됩니다. 결국 제작자의 의도(이념)가 그 작품의 주제가 되는 것입니다. 〈명량〉이 애국심이나 전쟁보다 리더십에 초점을 두었던 것도 그런 이유입니다.

영화를 읽는 방법

영화 〈명량〉이 많은 사람들에게 참된 리더십이란 어떤 것인가에 대한 질문을 던져 강한 인상을 남겼듯이 때로는 한 편의 영화가 세상을 뒤흔들어놓기도 합니다. 영화를 제작하는 사람들의 의도가 대중에 잘 전달되었을 때는 그 힘이 배가됩니다. 따라서 영화를 단순히 오락으로만 볼 게 아니라 책이나 미술품처럼 읽어낼 줄 알아야 합니다. 캐나다, 영국, 스웨덴 등 여러 나라들은 영화를 중요하게 가르쳐야 할 미디어 과목으로 선정하여 학교에서 '영화 읽기'를 가르치고 있습니다.

『인성, 영화로 배우다』는 영화 읽기에 도움을 주려고 쓴 책입니다. 세 명의 저자들은 오랫동안 신문사에서 영화를 소개하고 있는 기자이거나 영화 평론가로 활동하는 사람들입니다. 이 책은 청소년들에게 인문학적 교양을 심어줄 수 있는 영화 12편을 공감, 감사, 나눔, 자기 조절, 소통, 정직, 책임, 정의, 자기 존중, 인권 존중, 시민성, 타문화 이해 등의 주제로 나누어 안내하고 있습니다. 12편의 영화 가운데 '정의'라는 주제를 달고 있는 〈설국열차〉를 중심으로 저자들의 생각을 펼쳐보겠습니다.

〈설국열차〉는 봉준호 감독이 2013년에 발표한 작품으로 15세 이상 관람 가능한 영화입니다. 기상 이변으로 모든 게 꽁꽁 얼어버린 지구. 살아남은 사람들을 태운 기차 한 대가 끝없이 궤도를 달립니다. 기차 칸은 빈민굴 같은 맨 뒤쪽의 꼬리 칸에서부터 호화로운 객실의 앞쪽 칸에 이르기까지 철저하게 칸으로 계급화되어 있습니다. 기차가 달린 지 17년째, 꼬리 칸의 사람들은 반란을 일으키고 마침내 반란 주동자 커티스는 맨 앞 칸까지 진출하여 지도자 윌포드를 만납니다.

이 영화에서 꼬리 칸 사람들이 반란을 일으킨 이유는 금방 알 수 있습니다. 그들은 기차 안의 자원 배분이 제대로 되지 않아 비참한 생활을 합니다. 더구나 꼬리 칸 사람들은 음식이나 잠자리 같은 자원을 배분하는 데 어떤 의견도 낼 수 없는 처지입니다. 열차 속 권력자들이 일방적으로 정한 대로 따라야 했지요. 그 지배자들도 꼬리 칸 사람들이 뽑지 않았습니다. 꼬리 칸 사람들은 열차가 어떻게 움직이고 운영되는지 전혀 알 수 없었습니다. 가끔 총리라는 지도자가 와서 "모든 사람에겐 제자리가 있다. 각자 주어진 위치를 지켜야 질서와 균형이 유지되고 인류가 생존할 수 있다"고 늘어놓습니다.

이렇게 그들은 모든 진실로부터 철저히 배제되었지요. 다시 말해 꼬리 칸 사람들은 자신의 운명을 스스로 결정할 권리가 주어지지 않았습니다. 민주적인 정치가 이뤄지지 않은 것이지요. 영화 속 기차는 정의가 구현되지 않은 사회를 의미한다고 볼 수 있습니다. 한정된 자원이 민주적 절차와 합의 없이 일방적으로 결정되고 그것을 따르도록 강요하는 사회는 결코 민주적인 사회라고 할 수 없습니다.

〈설국열차〉가 말하는 정의는?

영화는 20년 후라는 가까운 미래를 다루고 있지만, 영화 속 불공평한 모습은 지금의 사회 현실을 보여줍니다. 부의 양극화가 심해진 지금의 자본주의 체제를 극명하게 보여주고 있는 것이지요. 세계 최강의 나라라고 하는 미국에서 다섯 명 중 한 명의 아이가 굶주림에 시달리고 있으며, 상위 계층 1퍼센트가 사회 전체 부의 45퍼센트를 소유하고 있습니다. 부자들은 더욱 많이 갖게 되고 가난한 사람들은 더욱 가난해지는 현실, 부익부 빈익빈 현상은 영화 속 이야기가 아니라 현실의 모습입니다.

이런 영화가 나오게 된 배경, 영화 제작자의 의도 및 사회적 맥락을 찾아볼까요? 이 영화가 나오기 전인 2008년 미국은 국가 부도에 버금가는 금융 위기를 겪었고, 2011년 미국 뉴욕 금융가 거리에서는 수많은 시민들이 "분노하라!", "월스트리트를 점령하라!"는 구호를 외치며 시위를 벌였습니다. 은행이나 증권사 등 금융 회사들의 잘못된 투자와 자금 운용으로 많은 개인과 기업이 파산했는데, 정작 파산의 책임자인 금융 회사들은 막대한 수익과 보너스를 챙기며 돈 잔치를 벌인 데에 대한 분노였습니다.

"월스트리트를 점령하라!(Occupy Wall St.)"
미국의 최고 부자 1퍼센트의 비도덕성에 분노한 시민들이 거리로 쏟아져 나왔다.

영화가 지구 온난화로 인해 얼어붙은 지구를 배경으로 하고 있는 점도 생각할 여지를 던져주고 있습니다. 이는 자국의 이익을 우선하느라 지구 환경 문제를 외면하고 있는 강대국들의 이기심을 꼬집고 다가올 재앙을 경고하고 있다고 볼 수 있습니다.

영화 속 꼬리 칸 사람들이 목숨을 건 반란을 일으키지 않고 기차 안에서 공존할 수 있는 방법은 무엇일까요? 그것은 열차가 처한 현실을 모두에게 공개하고 민주적 절차와 합의에 따라 열차 안의 자원을 배분하는 것입니다. 이런 과정이 바로 정치를 통한 정의의 실현이겠지요.

생각 근육 키우기

1. 영화 〈설국열차〉에서 꼬리 칸 사람들은 자신들이 부당한 처우를 받고 있다고 여겨 반란을 일으켰습니다. 그런가 하면 열차 안 지배자들은 "각자 주어진 위치를 지켜야 질서와 균형이 유지되고 인류가 생존할 수 있다"고 말합니다. 흔히 법은 사회 질서와 사회 정의를 위해 존재한다고 하지요. 영화에서 말하고 있는 '정의'란 무엇이고, 만약 여러분이 영화 속 꼬리 칸 사람이었다면 어떤 선택을 했을지 생각해보세요.

····>

도움말) 하버드 교수 마이클 샌델은 『정의란 무엇인가』라는 책에서 "사회가 정의로운지 묻는 것은 우리가 소중히 여기는 것들, 예를 들어 소득과 부, 의무와 권리, 권력과 기회, 공직과 영광 등이 어떻게 배분되는가를 묻는 것이다"라고 했습니다. 결국 정의란 한정된 자원이 사회 구성원들에게 합리적으로 나눠지는 걸 의미합니다. 이런 자원 배분의 기준은 정치에 의해서 결정되고 그것을 실행하는 행위가 '통치'입니다. 통치의 주체는 권력이지만 그 권력은 국민에게서 나오지요. 국민이 뽑은 통치자에 의해 자원의 배분 기준이 결정되는 것입니다. 이 말은 정의를 실현하려면 좋은 정치가를 뽑아야 하고, 그들이 정의를 실현하는 법을 만드는지 지켜보고 감시해야 한다는 것을 뜻합니다.

2. 앞글에서도 말했듯이 영화도 책과 마찬가지로 이해하고 분석하고 토론하며 읽어야 하는 매체입니다. 아래의 영화 읽기 체크리스트는 영화를 제대로 읽고 해석하는 능력을 키우기 위한 질문들입니다. 좋아하는 영화를 본 후 질문에 답하며 영화의 주제를 추론해보세요.

〈영화 읽기를 위한 기본 질문〉

1) 제목

- 영화 제목이 적절한가? 그 이유는 무엇인가?
- 영화 전체의 관점에서 제목이 의미하는 바는 무엇인가?

2) 상징

- 감독이 작품의 주제와 관련하여 보여준 상징들은 무엇이 있는가? 그것이 주제와 어떤 관련이 있다고 생각하는가? (감독이 의도적으로 보여주는 물건들, 장소, 동물, 종교적 상징 등)

3) 성격화

- 중심 인물은 누구인가? 그 인물은 내향적인가? 고정적인가? 변화가 많고 행동 지향인가?
- 인물의 성격이 어떻게 드러나고 있으며 그것의 효과는 어떠한가? 주제와 관련성은?
- 인물의 성격을 드러내는 데 기능한 대사, 시각 영상은 무엇이고 그 효과는 어떠한가?

4) 갈등

- 갈등의 유형은 무엇인가? (가치와 욕망의 갈등, 계급 갈등, 세대 갈등)
- 갈등을 통해 드러내고자 하는 의도는 무엇인가?

5) 무대 / 시간과 공간

- 시간적 요소(이야기가 진술되는 시간), 지리적 요소(촬영 장소와 그곳의 특성, 지형, 기후, 인구 밀도) 등의 시각적 심리적 효과는?
- 제작 당시의 사회 구조나 경제적 상황, 도덕 개념, 행동 양식 등은 무엇인가?
- 감독이 특정 장소를 선택한 이유는?
- 무대와 극중 인물, 플롯은 어떤 상호 관계를 맺고 있는가?

6) 기타

- 시각 요소(구도, 편집, 시점, 특수 효과, 조명 등)는 어떤 특징을 갖고 있는가?
- 음향 효과와 대사, 영화 음악, 연기, 감독의 스타일 등은 어떠한가?

····>

도움말) 책도 그렇듯이 영화도 보고 나서 영화 내용에 대해 이야기를 나눌 때 기억에 오래 남고 감상하는 능력을 키울 수 있습니다. 가장 쉽게 하는 방법은 영화를 본 후 가장 기억나는 장면을 떠올려보고 그것의 의미를 생각해보는 것입니다. 또 영화 속에서 중요하게 부각시키고 있는 사물들을 찾아보고 그것이 주제와 어떤 관련이 있을지 생각해봅니다. 시점(카메라의 눈)이 누구를 중심으로 전개되고 있는지, 그 감독만의 스타일은 어떠한지 등도 생각해보면 좋습니다.

No. 13

친구의 글

이 책 『인성, 영화로 배우다』는 별 기대 없이 읽기 시작했는데, 읽다 보니 점점 재미가 있었다. 평소에 그냥 재미로만 보았던 영화들 속에서 숨은 뜻을 찾아내고 깨닫는 과정이 너무 흥미로웠기 때문이다. 예를 들어, 영화 〈인사이드 아웃〉에서 각 캐릭터들을 통해 필요 없는 감정은 없다는 것과 때로는 마음의 성장을 위해서는 잊어야 할 것도 있다는 것을 알게 되었다.

영화 소개 뒷부분에 던진 질문들도 좋았다. 질문에 답을 하는 과정에서 영화를 다시 생각해볼 수 있었다. 예를 들어, 〈설국열차〉를 영화로 볼 때는 잘 몰랐는데 이 책을 통해 정의란 무엇인지 분명하게 알 수 있었다. 영화에서 보여주는 빈부 격차가 영화 속에서만 일어나는 것이 아니라 지금 우리나라는 물론이고 전 세계 곳곳에서 실제로 일어나고 있는 문제임을 알 수 있었다. 그리고 빈부 격차를 줄이려면 민주주의와 정의를 실천해야 한다는 것도 잘 알 수 있었다.

가장 기억에 남는 말은 바로 "달디단 음식만으로는 신체에 필요한 영양소를 골고루 얻을 수 없듯이 달콤한 감정만으로는 정신적인 성장을 이룰 수 없다"는 말이었다. 나는 '항상 행복하기만 하면 얼마나 좋을까?' 하는 생각을 하곤 했는데 이 문장을 읽은 후에는 생각이 바뀌었다. 만약 행복하기만 하다면 행복의 소중함을 못 느낄 것이고 남의 슬픔도 공감해주지 못할 것이다. 〈인사이드 아웃〉의 캐릭터들처럼 다양한 감정들을 느낄 줄 아는 사람으로 성장하고 싶다.

_문지원(선학중학교 1학년)

14

만화,
제대로 이해하기

" 최신 유행과 도구를 가장 빠르게

받아들이고 즐기는 사람들은 많습니다.

하지만 더욱 중요한 것은 미디어를 통해

사회를 바르게 인식하고 정보를 분별하는 힘을 기르고

서로 소통하는 능력입니다."

『청소년을 위한 미디어 여행』

깨끗한미디어를위한교사운동 지음, 한나래

신문, 방송, 대중음악, 만화, 광고, 인터넷, 모바일 등 미디어의 간략한 역사와 함께 주체적인 수용과 활용법을 정리한 책. 즐거운 놀이터이자 세상을 향해 열린 창, 미디어를 제대로 이해하고 활용하는 법을 알려준다.

웹툰 시장의 폭발적인 성장

웹툰의 인기가 대단합니다. 인터넷을 의미하는 웹Web과 만화를 뜻하는 카툰Cartoon의 합성어인 웹툰Webtoon은 2000년 라이코스를 시작으로 2002년 야후코리아, 2003년 다음, 2004년 네이버 등 포털 사이트에서 첫선을 보인 이후 급성장하고 있습니다. 웹툰을 서비스하는 상위 5개사의 통계를 모아보았더니 우리나라에서 웹툰을 보고 즐기는 인구가 9,600만 명에 육박한다는 조사 결과가 나왔다고 합니다. 우리나라 인구를 5,000만 명으로 본다면 그 배에 이르는 엄청난 수치이지요. 2015년 국립중앙도서관이 '웹툰 10년' 기획전을 열면서 정리한 것을 보니, 지금까지 나온 웹툰 작품의 수는 5,700여 편이고, 작가는 약 4,700명에 이릅니다. 웹툰의 역사를 10년으로 보면 1년에 570편이 넘는 작품이 쏟아져 나왔다는 계산이 나옵니다.

최장기간 연재 기록을 세운 웹툰은 2015년 8월 기준으로, 조석의 '마음의 소리'인데, 2006년 9월 8일부터 장장 9년 동안 연재를 이어왔고, 최다횟수 웹툰인 곽백수의 '가우스 전자'는 2011년 6월 6일을 기점으로 4년 여 동안 무려 1,065편을 선보였습니다. 또 단행본으로 가장 많이 팔린 웹툰은 드라마로도 만들어져 큰 화제가 되었던 윤태호 작가의 '미생'으로, 종이책으로도 나와 220만 권이 넘게 팔렸습니다. 그 밖에 강풀 작가의 '아파트'는 영화로, 강도하

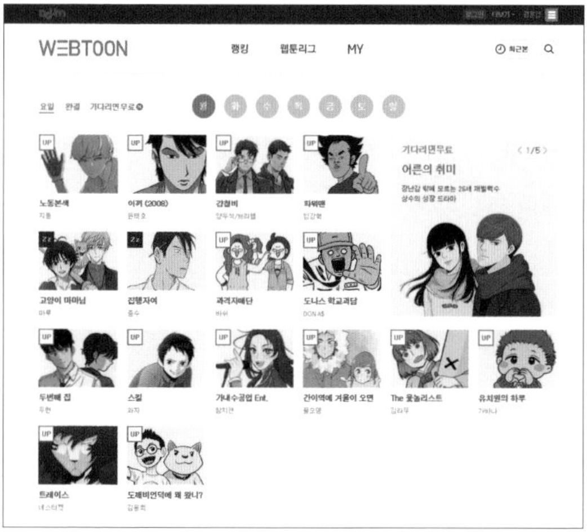

2000년 라이코스, 2003년 다음을 시작으로 포털 사이트들이 웹툰 서비스를 시작했고, 모바일로 넘어오면서 웹툰 시장은 급격히 확대됐다.

작가의 '위대한 캣츠비'는 드라마로, 강풀 작가의 '순정만화'는 게임으로, 지강민 작가의 '와라! 편의점'은 애니메이션으로 제작되었지요.

최근에는 주호민 작가의 '신과함께'가 영화로 만들어져 흥행했으며, 강풀 작가의 '타이밍'(애니메이션 영화), '이웃사람'도 영화로, 최규석 작가의 '송곳', 순끼 작가의 '치즈인더트랩'은 드라마로도 인기를 누렸습니다. 웹툰 IP를 활용한 게임도 늘고 있는데, 웹툰 '마음의 소리', '갓 오브 하이스쿨', '신의 탑', '노블레스' 등이 게임으로 출시되었습니다. 웹툰의 인기는 우리나라에 그치지 않고 전 세계로 확산되고 있습니다. 2015년 웹툰 시장의 총 매출액은 9,000억 원이고, 이 가운데 수출액은 3,000억 원에 이른다고 합니다.

웹툰의 폭발적인 인기 비결은 무엇일까요? 무엇보다 웹툰만이 갖고 있는 재미가 가장 큰 이유일 것입니다. 세로로 읽는 방식과 구체적이고 입체적인 표현 방식에 배경 음악과 컷을 이용한 구성 등이 보는 재미를 더해줍니다. 출판이 될 때까지 기다려야 하는 만화책과 달리 매일 실시간으로도 볼 수 있지요. 더구나 스마트폰이 보급되면서 시간과 장소에 구애받지 않고 자유롭게 볼 수 있다는 점, 또 누구나 자유롭게 만들어서 인터넷에 올릴 수 있다는 점도 웹툰이 대중의 인기를 얻고 있는 비결일 것입니다.

웹툰은 또 독자가 댓글을 달고 저자와 즉시 쌍방향 소통이 가능합니다. 독자들도 다른 사람들의 반응을 함께 즐기고 공감할 수 있지요. 여기에 3D 기술 도입 등으로 점점 양적, 질적으로 향상되고 있는 점, 영화, 드라마, 게임 등으로 확장되면서 상업적 이익을 거두고 있는 것도 웹툰의 인기가 수그러들지 않고 있는 이유라고 할 수 있을 것입니다.

만화와 애니메이션, 어떻게 읽어야 할까?

『청소년을 위한 미디어 여행』은 신문, 방송, 영화, 대중음악, 만화와 애니메이션, 광고, 사진, 인터넷, 뉴미디어 등 우리가 매일 만나고 사용하고 있는 미디어에 대해 이해하고, 미디어에 드러난 현상들을 분별하고 소통하는 능력을 기르도록 돕는 책입니다. 교육현장에서 청소년을 만나고 있는 '깨끗한미디어를위한교사운동' 소속의 선생님 세 분이 쓴 책입니다.

여기에서는 여러 매체 중에 만화와 애니메이션을 중점적으로 정리해보겠습니다. 앞에서 웹툰의 등장과 인기 비결을 말했지만, 웹툰은 원래 만화책으로 출간된 것을 인터넷에 올린 것이지요. 만화라는 말도 코믹스, 카툰, 캐리커처, 애니메이션 등과 혼용되고 있는데요, 코믹스는 네 컷 이상의 그림으로 스토리가 있는 것을 뜻하고, 카툰은 사회를 풍자하거나 비판하는 줄거리가 있는 한 컷이나 여러 컷의 만화를 말합니다. 캐리커처는 사물의 특징을 과장해서 풍자하는 의도로 그린 것이고, 애니메이션은 그림을 움직이게 하는 제작 기술로, 흔히 만화 영화라고 하지요. 우리나라에서 '만화'는 이들 모두를 포함하는 말로 쓰입니다.

만화를 제대로 보고 즐기려면 우선 만화라는 매체의 특징을 알아야 합니다. 축구를 제대로 즐기려면 축구라는 스포츠에 대해 자세히 알아야 하는 것과 마찬가지이지요.

만화의 매력은 무엇보다 단순한 그림과 과장된 표현입니다. 칸과 칸의 관계로 이어지면서 이야기가 전개되는데, 말풍선을 비롯하여 의성어와 의태어, 감정이나 움직임을 표현하는 다양한 기호들이 재미를 더해주지요. '슬램덩크'와 같은 만화는 카메라도 잡아내지 못하는 각도에서 인물의 움직임을 역동적으로 묘사함으로써 농구의 재미를 극대화했습니다. 따라서 만화를 볼 때 대사와 지문뿐 아니라 여러 기호들이 말하고 있는 의미를 알면 더 재미있습니다.

애니메이션은 1908년 세상에 처음 등장한 이후 많은 작품들이 대중들의 사랑을 받았지요. 미국에서는 디즈니와 드림웍스가 애니메이션 제작사로 유명합니다. 디즈니 애니메이션도 최근작을 제외하고는 〈신데렐라〉, 〈인어공주〉, 〈아나스타샤〉 등 애니메이션 주인공 대부분이 흰 피부를 지녀서 인종 편견을 담고 있다는 비판을 받아왔지요. 또 여성의 행복과 성공은 남성인 왕자를 만나는 것으로 결정되는 구조를 갖고 있어 남성 우월주의라는 비판도 받았어요.

1994년에 설립된 드림웍스는 기존 체제에 저항과 개혁을 꿈꾸는 〈슈렉〉, 〈개미〉 등의 애니메이션을 만들어 인기를 얻었습니다. 이 밖에 노예로 살던 이스라엘인들이 이집트에서 탈출하는 〈이집트 왕자〉, 닭장에서 탈출을 시도하는 〈치킨 런〉, 육식을 거부하고 채식을 주장하는 상어 이야기 〈샤크〉, 뉴욕의 동물원에서 뛰쳐나간 네 마리 동물 이야기 〈마다가스카〉, 평생 꿀만 모아야 한다는 사실에 회의를 느낀 〈꿀벌 대소동〉 등이 있습니다.

미국에 디즈니와 드림웍스가 있다면 일본에는 미야자키 하야오가 만든 지브리 스튜디오가 있습니다. 미야자키 하야오 감독은 〈모

• 드림웍스 애니메이션은 기존 애니메이션 문법의 틀을 깨고,
블랙 코미디를 구사한 스타일로 많은 마니아들을 만들었다.

● 프랑스인들이 사랑하는 만화 '땡땡의 모험'.

노노케 히메〉, 〈이웃집 토토로〉, 〈센과 치히로의 행방불명〉, 〈바람 계곡의 나우시카〉, 〈벼랑 위의 포뇨〉 등 조상과 자연을 숭배하는 일본의 무속 신화 또는 휴머니즘을 나타내는 작품을 만들어 인기를 끌었지요.

일본 애니메이션에서 빼놓을 수 없는 장르 중 하나는 '사이버 펑크'입니다. 사이버 펑크는 사이버 공간으로 대표되는 첨단 과학 기술을 비판적인 태도로 바라보고 암울한 미래를 그리고 있는 장르입니다. 〈공각기동대〉, 〈메모리즈〉, 〈아키라〉 등이 이런 장르입니다. 또 〈마징가Z〉, 〈건담〉, 〈신세기 에반게리온〉 등의 로봇 메카

닉물과 〈들장미소녀 캔디〉, 〈요술공주 밍키〉, 〈세일러문〉 등의 순정 애니메이션도 일본의 고유 장르입니다.

미국과 일본 애니메이션과 달리 프랑스 만화는 제작방법과 내용도 다양하고 실험성이 매우 강합니다. 만화를 예술로 인정하여 앨범이라고 부르며, 표지를 비롯해 종이도 질 좋은 고급 코팅 용지로 만들고 만화책 가격도 매우 비싼 편입니다. 전 세계 50개 언어로 번역되어 3억 부가 팔린 '땡땡의 모험'을 비롯하여 '개구쟁이 스머프', '아스테릭스' 등이 유명합니다.

생각 근육 키우기

1. 만화 전문가들은 만화를 제대로 즐기고 이해하기 위해서 '만화 읽기'를 할 것을 권합니다. 좋아하는 만화 한 권을 읽으면서, 아래의 질문에 답해보세요.

〈유능한 만화 독자가 되기 위한 질문〉

1) 만화 매체에 대한 이해 질문

- 출판사와 저자가 누구인가?
- 칸의 크기와 느낌은 어떠한가?
- 만화(애니메이션)의 기법이나 소재는 무엇인가?
- 전체적으로 어떤 색깔이고 색이 주는 분위기나 효과는?
- 인물들의 감정 표현은 어떻게 보여주고 있는가?
- 등장인물의 특징(이름이 주는 느낌, 모습, 신체의 비례 등)은 어떠한가?
- 인물들의 동작이나 표정은 어떠한가?
- 대사의 처리(말풍선, 의성어, 의태어, 그 밖에 특징적인 것)는 어떠한가?
- 기호나 글자의 크기와 모양, 그림으로 독특한 효과를 내고 있는 부분은?
- 만화 속에 나온 여러 상징들(아이콘)은 무엇인가?
- 만화에 표현되지는 않았지만 짐작할 수 있는 내용은?

2) 만화 줄거리에 담긴 내용 질문

- 제목이나 내용과 관련하여 이미 알고 있었던 것은?(물건들, 장소, 동물, 종교적 상징 등)

- 무엇에 관한 내용인가?
- 등장인물들의 성격을 통해 볼 때 저자의 의도는 무엇인가?
- 저자가 말하고 싶은 주제는 무엇이라고 생각하는가? 그 근거는?

3) 비판적이고 창의적인 질문

- 인물들의 대사(말풍선) 가운데 부적절한 표현은 없는가?
- 작품의 배경(시대적, 문화적)은 무엇인가?
- 작가의 스타일이나 사상을 책에서 찾아본다면?
- 비슷한 내용의 영화, 드라마, 소설이 있다면 다른 점은 무엇인가?
- 비슷한 주제의 다른 만화와 비교해본다면?
- 폭력성과 선정성이 드러난 부분은? 그 이유는?
- 나라면 어떻게 인물들의 성격과 행동을 캐릭터로 부각시킬까?
- 외모, 성, 가난, 인종, 직업 등과 관련하여 부정적인 생각이나 고정 관념을 심어줄 만한 점은 없는가?

····>

도움말) 평소 즐겨 보던 만화를 질문에 비추어 해당되는 점을 중심으로 평가해 보면 새로운 점이 보일 수 있습니다. 작가와 시대 배경, 장르와 특성, 줄거리 및 주제, 비판할 점 등 네 가지로 나누어 살펴볼 수도 있어요. 만화 독서록을 작성해봐도 좋겠지요.

2. 우리나라는 1970년대에 만화가 유해하다는 이유로 만화를 금지하던 때도 있었습니다. 아직도 만화에 대해 부정적인 시선을 갖고 있는 어른들도 적지 않지요. 만화가 사회에 좋지 않은 영향을 끼치므로 적절히 제재를 가해야 한다는 주장과, 만화 역시 다른 매체와 마찬가지로 사회 현상을 반영하는 매체이며 유해론은 표현의 자유를 위축시킬 수 있다는 주장이 있습니다. 어느 쪽 의견을 더 지지하나요?

····>

도움말) 웹툰의 인기에서 알 수 있듯이 만화는 많은 사람들이 즐기는 매체 중 하나입니다. 만화는 사회 문제를 담아내기도 하고 만화 한 편이 사회의 유행을 이끌기도 합니다. 그런데 일본 애니메이션 '짱구는 못 말려'는 유아와 어린이들이 즐겨 보았는데, 선정적이고 예의 없는 말투 때문에 비판을 받았어요. 원래 제목은 '크레용 신짱'으로 성인을 대상으로 만들었는데, 우리나라에서는 만화는 어린이가 보는 것이라는 편견 때문에 성인 등급의 만화가 유아들도 볼 수 있는 등급으로 정해져 미취학 아동들이 가정에서 보게 되었지요. 작가의 의도는 다섯 살 꼬마의 눈으로 본 어른 세계의 모순을 비판하는 것이었는데, 어린이들이 볼 경우 어른들에 대해 불신을 심어줄 수 있고 그대로 흉내 낼 수 있어서 문제가 될 수 있다고 말하기도 합니다.

No. 14

친구의 글

몇 달 전 일주일 동안 핸드폰 없이 생활했던 경험이 있다. 급할 때 전화도 할 수 없고, 방과 후에 친구들이 어떻게 지내는지도 궁금했다. 음악도 못 듣고, 시간이 있는데도 무엇을 해야 할지 몰라 불편하고 혼란스러웠다. '그동안 내가 핸드폰에 많은 영향을 받고 있었구나' 하는 생각이 들었다. 우리 주변에 다양한 미디어 또한 마찬가지이다. 일상생활에서 매일 접하지만 그것이 갖는 의미는 생각해본 적이 없었다. 그런데 이 책을 읽으면서 미디어를 다시 보게 되었고, 미디어를 제대로 이해하고 활용하는 법을 배워야겠다고 생각했다.

책 내용 중에 특히 '소몰이 창법'이 기억에 남는다. 아이돌 가수의 음악을 듣다 보면 때마다 유행하는 음악의 콘셉트가 있다. 그 음악을 친구들과 함께 부르면 마음이 통하는 것 같고 즐거웠다. 그런데 그 흐름의 변화가 너무 빨랐다. 3~5개월 정도면 다른 음악을 아이들이 흥얼거리고 다닌다. 이처럼 유행하는 음악을 따라 즐기는 것이 '소몰이 창법'이라 생각했다. 소몰이 창법은 학생들이 자신의 개성과 음악의 다양성을 생각하지 못하게 만든다. 뿐만 아니라 가수들도 매니지먼트 회사에서 요구하는 음색과 창법으로만 연습하게 되어 발전할 수 없고, 인기를 얻는다 해도 오래가기 힘들다. 어떤 노래든 자기만의 방법을 갖고 창의적으로 소화하고 표현하는 능력이 필요하다고 생각한다.

똑같은 노래도 자기만의 방법으로 부르며 행복할 수 있다. 그래서 언제부턴가 나도 내가 좋아하는 음악을 선별해서 듣게 되었고, 지금은 나만의 뮤직 앨범이 따로 있다.

또한 '제품의 이미지를 광고한다'는 말을 다시 한 번 생각하게 되었다. 광고는 정확한 정보를 주기보다 이미지를 통해 첫인상을 강조하기 때문에 정보를 분별하는 힘이 없을 때는 잘못 판단할 수 있다. 따라서 올바른 정보를 분별하는 힘을 기르는 것이 중요하다. 이를 위해 꾸준히 독서를 하면서 사고를 깊이 있게 하는 습관이 필요하다. 그리고 믿을 만한 정보원을 찾고 여러 정보를 비교하는 노력을 해야겠다고 생각했다.

_김지현(인천청량중학교 3학년)

15

흔들리지 않는 10대를 위하여

"십대라는 때는 인생 가운데 가장 예민하고,
가장 영민하고, 가장 호기심이 많은 시기입니다.
이때 좋은 영향을 받는 일과 존경할 수 있는 인물,
흥미 있는 학문 등을 만나는 것만큼
멋진 일은 없다고 생각합니다."

『십대를 위한 다섯 단어』

요시모토 다카아키 지음, 송서휘 옮김, 서해문집

일본 지식인들 사이에서 '시대의 멘토'로 통하는 요시모토 다카아키의 10대를 위한 인생론. 왜 열네 살부터 세상을 알아야 하는지, 나는 어떤 사람으로 살고 싶은지 깨닫게 도와주며, 종교, 법률, 국가, 전쟁과 나의 관계를 돌이켜보게 해준다.

전범의 범위는 어디까지일까?

『마사코의 질문』은 손연자 선생님이 쓴 소설집으로, 일제 강점기를 살았던 사람들의 이야기가 담겨 있습니다. 우리말을 쓰면 벌을 받던 교실 풍경에서부터 일본군 성노예로 끌려갔던 소녀의 가슴 아픈 사연, 생체 실험으로 죽어간 시인 윤동주, 관동 대지진 때 있었던 일 등이 읽는 이의 가슴을 적십니다. 특히 일본인 소녀 마사코가 할머니에게 던지는 질문이 소설 전체를 관통하는 핵심 질문입니다. 할머니는 마사코에게 미국이 불쌍한 민간인들에게 폭탄을 투하하여 큰 슬픔을 겪었다고 말합니다. 그러자 마사코는 할머니에게 왜 다른 나라도 아닌 일본이 원자폭탄이라는 무시무시한 폭탄을 맞았느냐고 계속 묻습니다. 할머니는 마사코의 질문에 대답을 하지 못하지요.

『마사코의 질문』을 읽은 후 청소년들과 열띤 토론을 했습니다. 토론 주제는 "원폭에 맞아 죽거나 다친 일본인들은 가해자일까, 피해자일까?"였습니다. 피해자라고 주장하는 쪽에서는 전쟁 중에 군인이 아닌 민간인들을 죽게 만든 것은 잘못된 것이다, 그들 대부분은 군국주의자들이 시켜서 어쩔 수 없이 전쟁에 나가거나 전쟁을 도왔기 때문에 가해자라고 볼 수 없다는 논리를 폈습니다.

이에 대해 가해자라고 주장하는 쪽에서는 군인이 아니라 해도 후방에서 전쟁을 도운 것이 전쟁에 참여한 것이고, 일본이라는 국가의 국민으로서 일본이 전쟁을 일으킨 것에 대한 책임이 있다고 말했습니다. 그러자 피해자라고 보는 입장에서 한 학생이 "만약 당신이 그 당시 일본인이었다면 전쟁을 반대하는 발언을 할 수 있었겠느냐?"고 물었습니다. 이에 대해 가해자라고 주장하는 그룹의 학생이 이렇게 대답했습니다.

"저도 그 당시 일본에 살았다면 전쟁이 잘못된 것이라고 말할 용기를 내기는 힘들었을 것입니다. 하지만 힘에 눌려서 평화를 외치지 못한 것은 비겁합니다. 그래서 그들이 민간인이라고 해도 가해자에 속한다고 생각합니다."

일본인들은 왜 전쟁을 위해 목숨을 바쳤을까?

이번에 소개할 책 『십대를 위한 다섯 단어』의 저자 요시모토 다카아키는 전후 일본을 대표하는 사상가이자 시인입니다. 2차 세계대전 이후 전쟁에 침묵하거나 전쟁을 옹호한 문학가들의 책임을 주장하면서 격렬한 논쟁을 일으키기도 했고, 1960년대 일본에서 학생 운동이 한창 전개될 때 학생들과 행동을 같이하며 사회 개혁을 이끌기도 했습니다. 그는 태평양 전쟁 당시 10대였습니다. 이 책에서 그는 전쟁 당시 자신이 군국주의를 외치던 군국 소년이었음을 고백합니다.

당시 일본에서는 극소수를 제외하고 누구도 전쟁을 비판하지 않았습니다. 전쟁에 반대하여 감옥에 간 사람은 일본 전체에서 겨우 10여 명뿐이었습니다. 저자는 일본인들이 바로 이 점을 기억해야 한다고 강조합니다. 전쟁이 끝난 후 일본인 가운데는 전쟁에 나간 사람들을 비난하는 사람들이 많았습니다. 저자도 종전 후 군국주의는 좋지 않고 다시는 전쟁을 해서는 안 된다는 생각으로 바뀌었습니다. 하지만 저자는 "일본은 침략 전쟁을 했기 때문에 일본 군인은 모두 나쁘며 그들의 죽음은 필연적이었다"고 말할 수만은 없다고 말합니다. 왜냐하면 저자 자신도 전쟁에 반대하지 못한 사람이었기 때문입니다.

일본인들이 전쟁 중에 어떠한 마음으로 무엇을 했는지, 시대와 이념에 얼마나 무력했는지, 그 점을 성찰하지 않고서 앞으로 나아갈 수는 없다고 그는 말합니다. 과거에 일본인으로서 어떠했는지를 고려하지 않고 완전히 잊은 듯한 얼굴을 하고 평화 운동을 해봤자 모두 헛수고라는 것이지요. 그러면서 저자는 최근 유럽과 아랍에서 빈번하게 벌어지고 있는 자살 폭탄 테러를 불과 60년 전에 일본인이 했었다는 걸 잊어선 안 된다고 말합니다.

10대였던 그때 저자는 특공대 청소년들을 존경했고, 죽는 것을 알면서도 나라를 위해 자기 몸을 던지는, 도저히 불가능해 보이는 행동을 하는 그 사람들이 대단하다고 생각했습니다. 현재 IS 대원들은 불과 60년 전에 일본 군국주의 소년이 했던 행동을 하고 있

2차 세계대전 당시 가미카제 전투기가 출격할 때 벚꽃을 흔들며 배웅하는 일본 여고생의 모습.

는 것입니다. 왜 일본인들은 국가를 위해 목숨까지 바치게 되었을까요? 서양에서도 나라를 위해 목숨을 바치는 경우는 있지만 그것은 그 사람 개인의 판단과 의지에 따른 선택입니다. 개인의 용기와 국가에 대한 헌신을 칭송하지만 그렇게 하지 않는다고 해서 공동체로부터 따돌림을 당하지는 않지요.

개체로서의 개인과 사회적 개인

그래서 저자는 10대들에게 사회적 개인과 개체로서의 개인을 분리하여 생각할 줄 알아야 한다고 충고합니다. 개체로서의 개인과 사회적 개인을 분리하지 못하면 개인이 해결해야 하는 문제를 국가의 문제로 적용해서 생각하거나, 타인의 정신적인 문제를 자신의 일처럼 생각해서 필요 이상으로 참견하는 실수를 저지르게 된다고 지적합니다. 여기서 개체로서의 개인이란 타인이 결코 이해할 수 없는 자기 내면을 포함한 그 사람의 고유한 마음 같은 것입니다. 그리고 사회적 개인은 개인과 사회의 관계에 관한 문제입니다. 일을 하거나 세금을 내거나 정치인을 뽑는 것 등을 결정하는 것을 말합니다. 여기에 '가족의 일원으로서의 개인'도 생각해보아야 합니다.

개체로서의 개인, 사회적 개인, 가족의 일원으로서의 개인, 이렇게 세 차원을 모두 생각하면서 자신의 이상을 펼쳐나가는 것이 삶이라고 저자는 말하고 있습니다. 개체로서의 개인과 사회적 개인, 가족의 일원으로서의 개인을 생각하면서 살아가기 위해 저자가 제시한 것은 크게 두 가지입니다. 먼저 세상이 어떻게 돌아가는지 관심을 갖고 지켜봐야 한다는 것입니다.

그러려면 매일 신문을 읽어야 합니다. 텔레비전이나 인터넷으로 제공되는 뉴스도 있지만 신문부터 읽으라고 강력히 권합니다. 영상의 특성상 방송 뉴스는 인상적인 것만 남기고 금세 잊힙니다. 이에 비해 신문 활자는 멈춰서 생각하는 것이 가능합니다. 더구나 방송 뉴스에 나오는 전문가들은 방송의 영향을 의식하여 정직하게 말하기를 주저하기도 합니다. 물론 신문이라고 해서 늘 진실을 말하지는 않지만 일반적으로 사람들은 말을 할 때보다 글로 쓸 때 더 진실을 드러냅니다.

신문도 여러 개를 읽어야 합니다. 신문에는 제각각 성향이 있습니다. 이를테면 진보적이냐, 보수적이냐 같은 것입니다. 청소년 시기에는 특정 성향의 신문만 볼 게 아니라, 하나의 사건에 대해 신문마다 어떤 의견을 내는지를 살펴봄으로써 관점의 다양성을 배워야 합니다. 때로 신문사는 민감한 사안에 대해 애매한 표현으로 회피하거나 별일 아닌 듯이 쓱 지나가버립니다. 이럴 때 신문사가 왜 그 뉴스를 사소하게 처리하는지에 대해 생각해보아야 합니다.

다음으로 저자는 자기를 존중하고 위로할 줄 알아야 한다고 강조합니다. 자기를 존중하는 것은 이기주의와 다릅니다. 자신과 잘 사귀는 것, 자기를 배려하는 것입니다. 그러려면 마음에 상처를 받았을 때 스스로 자신을 위로하고 존중할 수 있는 수단을 가지는 것이 중요합니다. 문학이나 예술의 기원이 바로 '자기 위안'이라고 할 수 있습니다.

어렸을 때 불안정했거나 외로웠던 사람이 자신을 위로하기 위해 행하는 것이 문학과 예술이라고 할 수 있는 것이지요. 저자 자신도 상처받은 아이였고 남에게 상처를 주기도 했는데 그것을 글로 표현하면서 치유받을 수 있다는 걸 알게 되었습니다. 누군가에게 보여주기 위해서도 아니고 누군가가 읽어주지 않아도 글을 쓰

• 글쓰기는 자신을 위로하고 존중할 수 있는 가장 확실한 수단이다.

는 것만으로 기쁘고 위로를 받습니다.

그러므로 누구든지 솔직하게 자기를 표현할 수 있는 도구를 갖는 것이 중요하다고 강조하고 있습니다. 예를 들어, 일기 쓰기, 그리기, 춤추기, 대화하기, 명상하기, 걷기, 노래하기, 만들기, 운동하기 등입니다. 이 가운데 가장 좋아하는 것을 할 때 우리는 자기 위안을 얻을 수 있습니다.

생각 근육 키우기

1. 이 책의 저자는 5개의 키워드로 10대들에게 하고 싶은 말을 전하고 있습니다. 세상, '나'라는 고유명사, 죄와 죽음, 오래된 규율들, 전쟁과 나입니다. 각각의 키워드에 따른 아래 질문에 자신의 생각을 적어보세요. 무엇을 적어야 할지 생각이 안 나면 책에서 저자가 한 말을 정리해보아도 좋습니다.

• 세상: 왜 열네 살부터 세상을 알아야 하는가?

····>

• '나'라는 고유 명사: 나는 어떤 사람으로 살고 싶은가?

····>

• 죄와 죽음: 자신을 존중하고 위로하는 방법은?

····>

- 오래된 규율들: 종교, 법, 국가란 무엇인가?

····>

- 전쟁과 나: 개인이 전쟁에 저항하는 방법은 무엇인가?

····>

도움말) 저자는 중학생 때부터는 세상이 어떻게 돌아가는지 관심을 가져야 한다고 강조합니다. 10대도 우리가 살아가는 공동체를 이루는 하나의 개인이고, 시민이라는 점을 분명히 깨달아야 한다는 것입니다. 또한, 다른 사람의 종교나 국가에 대해서도 열린 자세를 가지라고 말합니다. 저자가 바라는 10대가 되려면 어떤 노력이 필요할까요? 가장 먼저 할 일은 신문을 읽고 책을 읽으면서 토론하고 성찰하는 시간을 갖는 것입니다.

2. 다음은 어느 의과대학에서 신입생을 선발하면서 실시한 인성 면접 질문입니다. 면접에 임한다고 생각하고 답변해보세요. 질문은 "세 명이 여행을 계획했는데 일행 중 한 명이 갑자기 여행을 취소했다. 환불 비용이 추가로 들어가는데, 그 비용을 누가 처리해야 하나?" 입니다.

····>

도움말) 둘 이상만 모여도 갈등이 생깁니다. 그래서 우리는 개인과 공동체 사이에서 고민을 하면서 갈등을 풀어가는 기술을 배워야 합니다. 위 질문에서는 먼저 여행을 취소한 사람이 어떤 사정 때문에 취소했는지를 알아볼 필요가 있습니다. 피치 못할 사정이 있었다면 나머지 두 사람이 배려해주어야 할 것입니다. 공평과 공정은 다른 개념입니다. 똑같이 나누는 것은 공평이지만 상대방의 사정을 고려하여 나누는 것은 공정입니다. 공정은 약자를 우선적으로 더 배려하는 것입니다.

No. 15

친구의 글

당장 현실을 직시하기보단 자신의 상상력이 만든 공간에 빠져 있는 게 더 많은 10대. 그런 10대인 나도 이 책이 '재밌을까?'라는 생각으로 첫 장을 넘겼다. 어른들이 아무리 자신의 경험과 좋은 조언을 10대에게 많이 한다 해도 소용이 없다. 정작 10대들은 잔소리로 받아들이기 쉽기 때문이다. 그런 10대에게 가장 필요한 건 뭘까? 앉혀놓고 지루한 말들만 늘어놓는 것이 좋을까? 10대는 수동이 아닌 능동이다. 이 책의 겉표지에 쓰인 "'남의 생각'이 아닌 '나만의 생각'으로 세상을 보고 싶은 십대에게"라는 말처럼 10대가 세상을 어떻게 바라보게 해야 하는지를 알려주는 책을 읽고 싶었다. 이 책은 그런 나의 바람대로 나에게 강요하지 않았다. 훈계하지 않고 자기 이야기를 들려주었다.

저자는 자신이 10대였을 때 세상 돌아가는 것을 잘 몰랐고 어리석었음을 솔직하게 털어놓았다. 일본인으로서 전쟁에 반대하지 못했음을 부끄러워했다. 저자는 강요하지 않고 권유한다. 10대가 많이 생각할 만한 '죽음'이나, 10대가 경험하는 사회 속 문제들을 자연스럽게 풀어나가며 설명해주고 있다. 왜 신문을 보는 게 좋은지, 다른 종교에 대해서 어떻게 생각하는 게 좋은지, 자기를 위로하기 위해 어떻게 해야 하는지 등을 위화감 없이 말해준다. 나는 어른들에게 묻는다. '왜 10대를 어른의 기준으로만 바꾸려고 하나요?' 이 질문에 대해 이 책을 읽지 않은 어른이라면 금방 고지식한 답변을 할 것이다. '그야 지금 사회가 이러하니까…' 어른들에게 이런 답변을 듣고 싶지 않은 10대라면 이 책을 읽어보라고 권하고 싶다. 평소에 어른들이 하던 잔소리와 다른 말을 들을 수 있으니까. 그리고 고지식한 답변을 피하고 싶은 어른들에게도 이 책을 권하고 싶다.

_박은선(장위중학교 2학년)

사회독서, 세상을 읽는 힘

❷ 경제와 미디어

© 2018 임성미

1판 1쇄 2018년 4월 27일
1판 3쇄 2021년 5월 07일

지은이 임성미
펴낸이 김정순
책임편집 오세은
디자인 김수진
마케팅 양혜림 이지혜

펴낸곳 (주)북하우스 퍼블리셔스
출판 등록 1997년 9월 23일 제406-2003-055호
주소 04043 서울시 마포구 양화로 12길 16-9 (서교동 북앤빌딩)
전자우편 editor@bookhouse.co.kr
홈페이지 www.bookhouse.co.kr
전화번호 02-3144-3123
팩스 02-3144-3121

ISBN 978-89-5605-968-6 44300
978-89-5605-966-2 (세트)

본문에 포함된 사진 및 인용문 등은 가능한 한 저작권과 출처 확인 과정을 거쳤습니다.
그 외 저작권에 관한 사항은 편집부로 문의해주시기 바랍니다.